古典文獻研究輯刊

十七編

潘美月・杜潔祥 主編

第 19 冊

戰國秦漢簡牘叢考

福田哲之 著 白雨田 譯

國家圖書館出版品預行編目資料

戰國秦漢簡牘叢考／福田哲之著 白雨田譯 ── 初版 ── 新北市：
花木蘭文化出版社，2013〔民 102〕
目 4+208 面；19×26 公分
（古典文獻研究輯刊 十七編；第 19 冊）
ISBN：978-986-322-461-7（精裝）
1. 簡牘 2. 研究考訂
011.08 102015087

ISBN-978-986-322-461-7

9 789863 224617

古典文獻研究輯刊
十七編 第十九冊 ISBN：978-986-322-461-7

戰國秦漢簡牘叢考

作　　　者 福田哲之著、白雨田譯
主　　編 潘美月 杜潔祥
總　編　輯 杜潔祥
企劃出版 北京大學文化資源研究中心
出　　版 花木蘭文化出版社
發　行　所 花木蘭文化出版社
發　行　人 高小娟
聯絡地址 235 新北市中和區中安街七十二號十三樓
　　　　　電話：02-2923-1455／傳真：02-2923-1452
網　　址 http://www.huamulan.tw 信箱 sut81518@gmail.com
印　　刷 普羅文化出版廣告事業
初　　版 2013 年 9 月
定　　價 十七編 20 冊（精裝）新台幣 31,000 元

戰國秦漢簡牘叢考

福田哲之著　白雨田譯

作者簡介

福田哲之，1959 年生。日本島根大學教育學部畢業，日本兵庫教育大學教育學碩士，日本大阪大學文學博士。現任日本島根大學教育學部教授。著有《文字の發見が歷史をゆるがす——20 世紀中國出土文字資料の證言》（東京：二玄社，2003 年）、《說文以前小學書の研究》（東京：創文社，2004 年）、《中國出土古文獻與戰國文字之研究》（臺北：萬卷樓，2005 年）及相關學術論文五十餘篇。

提　　要

　　本書，爲福田哲之著《中國出土古文獻與戰國文字之研究》（萬卷樓，2005 年）論文集的續篇，收錄了前著刊行後發表的有關戰國秦漢簡牘的論考。全體由「第一部分 上博楚簡甲乙本的系譜研究」、「第二部分 上博楚簡文獻學研究」、「第三部分 漢簡《蒼頡篇》新資料的研究」、「第四部分　思想史、文字書法研究」等四部分構成。第一部分以及第二部分爲有關上海博物館藏戰國楚竹書（上博楚簡）的研究。第一部分分析在上博楚簡中佔有獨自地位的甲乙兩種文本群的系譜關係，並對其資料的性質加以考察。在第二部分中，作爲上博楚簡文獻學研究的一環，以字體分析爲中心試對殘簡進行復原，同時，通過對孔子稱謂的分析明示了〈弟子問〉在上博楚簡儒家系列文獻中的特異性。第三部分爲漢簡《蒼頡篇》的研究。以傳統資料以及近年部分公開的水泉子漢簡《蒼頡篇》、北京大學藏漢簡《蒼頡篇》等爲材料，試對漢代《蒼頡篇》的實態作初步探討。在第四部分中，從與《孟子》的關連來看清華大學藏戰國竹簡〈尹誥〉的思想史的意義，通過對戰國簡牘資料中「水」偏旁的分析來探討三點水的成立過程，通過東牌樓東漢簡牘與法帖的比較來對張芝草書的實相加以分析，來明示在思想史及文字書法研究方面戰國秦漢簡牘資料的學術價值的一端。

第一部分　上博楚簡甲乙本的系譜研究

第一章　上海楚簡的特異性
——以〈君人者何必安哉〉甲乙本爲中心

第一節　上博楚簡的兩個特色

　　上海博物館藏戰國楚竹書（以下，簡稱上博楚簡），是上海博物館 1994
年從香港文物市場上購入的戰國楚簡的總稱。其報告書，自 2001 年馬承源主
編的《上海博物館藏戰國楚竹書（一）》（以下，簡稱《上博（一）》）刊行以
來，現在（2009 年）已經刊行到了《上博（七）》。其中收錄的約四十餘篇竹
簡書籍，涉及思想、歷史、文學等多方面，如假設這些書籍爲同一楚墓的隨
葬品，則可以想像，墓主一定是一位在楚國的學藝方面佔有非常重要地位的
人物。隨此類報告書的不斷刊行，上博楚簡這個資料群的性質也逐漸浮現出
來。尤其是隨《上博（六）》和《上博（七）》的刊行〔註1〕，顯現出如下兩個
新的特色。

　　第一，由具有相同內容的兩種文本組成的資料群（A 群）的存在。具體
可列舉以下四組〔註2〕。

〔註 1〕馬承源主編《上海博物館藏戰國楚竹書（六）》（上海古籍出版社，2007 年），
　　　　同《上海博物館藏戰國楚竹書（七）》（上海古籍出版社，2008 年）。
〔註 2〕現在（2009 年）已刊行的從《上博（一）》到《上博（七）》中表明有甲、乙
　　　　的文獻，除此以外還有〈從政〉甲篇、乙篇（《上博（二）》），〈武王踐阼〉甲
　　　　本、乙本（《上博（七）》）。然而，〈從政〉的甲篇和乙篇間內容不重複，兩者
　　　　從字體、形制的共同性上被看作是一篇文獻。而〈武王踐阼〉在甲本和乙本
　　　　的內容上有很大的異同，兩者則被看作不同系統的別本。因此，將不把〈從

【A群】

〈天子建州〉甲本、乙本（《上博（六）》所收）

〈鄭子家喪〉甲本、乙本（《上博（七）》所收）

〈君人者何必安哉〉甲本、乙本（《上博（七）》所收）

〈凡物流形〉甲本、乙本（《上博（七）》所收）

　　具有相同內容的複數文本的出土，迄今已知的有馬王堆漢墓帛書的〈老子〉甲本、乙本，另外作為具有同類內容的例子，有馬王堆漢墓帛書的〈陰陽五行〉甲篇、乙篇，〈刑德〉甲本、乙本、丙本，睡虎地秦簡的〈日書〉甲種、乙種，放馬灘秦簡的〈日書〉甲種、乙種等。但是，這些都與前面列舉的A群的四組有明顯的不同。

　　首先，關於馬王堆漢墓帛書〈老子〉甲本、乙本，從避諱字和字體的分析，可推斷甲本為高祖期（公元前 206～公元前 195），乙本為從惠帝即位後（公元前 194）到文帝即位前（公元前 180）書寫。在甲本卷後附有古佚書四種（〈五行〉、〈九主〉、〈明君〉、〈德聖〉），乙本有卷前古佚書四種（〈經法〉、〈十六經〉、〈稱〉、〈道原〉），很明顯，在書寫年代和來源上是不同的兩個文本。其次，馬王堆漢墓帛書〈陰陽五行〉甲篇、乙篇，〈刑德〉甲本、乙本、丙本以及睡虎地秦簡〈日書〉甲種、乙種，放馬灘秦簡〈日書〉甲種、乙種等，均由方位、四時、月令、星宿、擇月等占驗和凶吉的記錄組成，是與凶吉時選擇日期有關的數術書。可以推測，正是因其實用性的緣故，所以就有了按相應目的製作的，具有類似內容的複數文本。

　　對此，A群的四組，則純粹是具有相同內容的兩種文本，而且從文本和字體的分析可以得知，各組的甲乙本間具有極為相近的系譜關係。而且在內容方面也是有關禮的雜錄、楚王的故事、或是問答形式的具有思想類性質的書籍。並無如〈日書〉等數術書必須存在複數文本的必要性。管見認為，具有如此相同內容的兩種文本存在複數組的例子，在其他墓葬簡中尚未發現，在現階段可以認為是上博楚簡的獨自特色〔註3〕。

　　　　政〉甲篇、乙篇，〈武王踐阼〉甲本、乙本作為分析對象。

〔註3〕在此關於武威漢簡〈儀禮〉，需附言說明。該資料由甲本、乙本、丙本三種組成，甲本由「士相見之禮第三」、「服傳第八」、「特牲第十」、「少牢第十一」、「有司第十二」、「燕禮第十三」、「泰射第十四」等七篇，木簡三百九十八枚，乙本由「服傳第八」一篇，木簡三十七枚，丙本由「喪服」一篇，竹簡三十四枚構成，均由嚴謹的漢隸書寫。甲乙兩本中重複出現的「服傳

接下來第二個特色是，存在有稚拙性字體的資料群（B 群）。本章出於方便，稱其爲特殊字體簡。對所書寫文字的巧拙判斷，因受主觀因素左右的部分居多，導入稚拙性觀點進行字體分析可能會令人感到不易接受，然而，在此所說的稚拙性，不是與藝術性相關的微妙差異的問題，而是指在一定程度上，可以客觀地進行判斷的內容。其觀點爲以下四項。

（一）文字的大小不統一。

（二）點劃的長短和方向不定。

（三）線的粗細不勻，隨處混在細弱線條。

（四）字間距離無一定規則。

（一）到（三）是與文字樣式相關的觀點。在書寫者的書寫樣式尚未確立的階段，文字的大小、點劃的長短和方向、筆劃的粗細等尚不安定，文字隨處會發生結構上的破綻。此種狀況，主要在文字或書法尚未習熟的書寫者中較爲多見。而經過一定的鍛鍊，書寫樣式也確立下來的書寫者的文字，則比較安定，破綻較少。另外（四）的字間距離的問題，是判斷是否爲熟練抄手所書竹簡上重要的觀點。可以認爲，在文字書寫的習熟程度和字間距離的均一程度之間有一定的相關性。依以上觀點選出的屬於特殊字體簡的文本，有以下六種。

【B 群】

〈平王與王子木〉（《上博（六）》所收）

〈愼子曰恭儉〉（《上博（六）》所收）

〈用曰〉（《上博（六）》所收）

〈天子建州〉乙本（《上博（六）》所收）

〈君人者何必安哉〉甲本、乙本（《上博（七）》所收）

〈凡物流形〉甲本（《上博（七）》所收）

另外，爲明確特殊字體的特色，先從 B 群中舉出〈用曰〉、〈天子建州〉乙本的圖版（參看末尾〔圖1〕），再舉出被認爲是由熟練的書寫者所書簡的例子〈容成氏〉、〈曹沫之陳〉的圖版（參看末尾〔圖2〕）。

第八」是偶然的例外，還是意味著同一內容的三種〈儀禮〉文本被隨葬，尚有必要進行愼重探討。假如是後者的話，武威漢簡〈儀禮〉即爲同一墓內具有同一內容的複數文本被隨葬的例子。而且通過對同出木簡的分析可推斷墓主生前爲與郡學有關的傳授禮經的專家一點，也與筆者後述的假說有關，值得重視。

　　管見認爲，上博楚簡以外的墓葬簡，雖書風各異，但均有如專業書寫者所書寫的均勻整齊的字體。未見如 B 群中帶有稚拙性的特殊字體簡。只是，需要注意的是，如敦煌漢簡或居延漢簡等邊境地域出土的漢簡中具有數例類似現象。這些均爲官吏練習書法的習作一點，將在考察特殊字體簡的性質時成爲重要的啓示。

　　其次應該留意的一點是，B 群中含有 A 群的四種中除了〈鄭子家喪〉外的三種（〈天子建州〉乙本、〈凡物流形〉甲本、〈君人者何必安哉〉甲本、乙本），可見兩個群之間應具有密切的關係。

　　那麼，如此 A、B 兩群的特色，該如何解釋？據上述諸點，筆者提出以下的假說。

　　屬 A 群且具有相同內容的兩種文本的存在，是教學場合的特殊事例，含有多數此類資料的 B 群的特殊字體簡，是由在文字和書法方面尚未習熟的書寫者所書寫的帶有習書性質的文本。

　　作爲驗證此假說過程的一環，從下節起將以同屬 A、B 兩群的〈君人者何必安哉〉甲本、乙本爲中心進行探討〔註4〕。

第二節　〈君人者何必安哉〉甲乙本的比較分析

　　〈君人者何必安哉〉是由老臣范乘對楚昭王的諫言構成，內容是指出了楚王的三個短處來講說爲人君的思想準備。與〈昭王毀室　昭王與龔之脾〉、〈柬大王泊旱〉、〈莊王既成　申公臣靈王〉、〈平王問鄭壽　平王與王子木〉、〈鄭子家喪〉等相同，屬於與楚王室相關的楚王故事，被認爲是在楚地成立的地方文獻。在本節中，將試與〈君人者何必安哉〉甲本（以下略稱甲本）與〈君人者何必安哉〉乙本（以下略稱乙本）進行比較分析，對兩者之間的關係與文本的性質加以考察。

　　首先注目於兩者的共同性。先從竹簡的形制來看，如以下形制數據所示，甲乙兩本的簡長、契口距離基本一致，另外竹簡的枚數也相同（9 枚）。顯示了在形制方面有著緊密的共同性。即兩本爲在同形式、同枚數的竹簡上書寫的，相同內容的兩種文本。也可認爲或爲同一冊書。

〔註 4〕以下的分析是基於馬承源主編《上海博物館藏戰國楚竹書（七）》（上海古籍出版社，2008 年）所收〈君人者何必安哉〉甲本、乙本，濮茅左整理），引用爲方便起見，隨通行字體。

甲本……簡長 33.2～33.9 釐米，簡寬 0.6 釐米，厚約 0.12 釐米，簡端平
　　　頭，兩道編繩、第一契口距頂端 8.2～9.2 釐米，第一契口與第
　　　二契口間距 15.5～16.7 釐米，第二契口距尾端 8.3～8.6 釐米。

乙本……簡長 33.5～33.7 釐米，簡寬 0.6 釐米，厚約 0.12 釐米，簡端平
　　　頭，兩道編繩，第一契口距頂端 9.1～9.2 釐米，第一契口與第
　　　二契口間距 16.1～16.7 釐米，第二契口距尾端 8.2～8.3 釐米。

　　其次來看文章與字體。兩者在文章、字體兩方面均密切相似，此點僅從
《上海博物館藏戰國楚竹書（七）》所附〈〈君人者何必安哉〉甲本、乙本字
形對照表〉中即可容易得知。在此作爲參考且列舉其具體數值如下。

　　〈君人者何必安哉〉的總字數，根據竹簡無殘缺的甲本，共爲 241 字（爲
方便起見，合文計數爲兩字）。對此，乙本則爲 237 字，該差異是因簡 5 上端
部分兩字與簡 7 上端部分兩字共計有 4 字缺損所致。可以認爲，甲乙兩本原
爲相同字數的文本。

　　在可以進行比較的 237 字中，文章（文字）的異同爲一字（簡 5 甲本「之」
──乙本「先」，如後所述，可以看作因形體上類似而出現的誤寫）。

　　關於字體上的異同，在以上 237 字中，除去因竹簡損傷或文字模糊等原
因導致文字的一部分不明而難以把握文字整體結構的 6 字，與添有裝飾性圓
點以及短橫等受個人書寫習慣影響的 15 字，共計 21 字外的 216 字中，字體
幾乎完全一致的有 174 字，佔到百分之八十。

　　從以上的數值可以再次確認，甲乙兩本具有極爲相近的關係。在此，再
舉出顯示兩者具有緊密關係的具體例子來進行分析（參看末尾〔圖 3〕）。

　　這些均爲甲乙兩本共有，而其他戰國楚簡中未見的異體字的例子。關於
「常用體」欄中的「樂」、「者」，是可見於甲乙兩本的其他部分中的楚簡習見
字形。因「珪」只有一例，且先舉出〈魯邦大旱〉簡 22 中的例子。各文字的
特異點分別如下所示，

「樂」……上部中央作「幺」

「者」……上部作「Ｖ」

「珪」……右旁「圭」的下部作「干」

　　如此共有複數的異體字絕非偶然，而是具體地顯示了甲乙兩本的密切關
係。那麼，兩者間有何種系譜關係呢？在下節中將就此點進行探討。

第三節　〈君人者何必安哉〉甲乙本的系譜關係（一）

　　根據上節中指出的甲乙兩本緊密的共同性，兩者的系譜關係，首先設想爲如下（Ⅰ）和（Ⅱ）所示的直系的母子本關係。

　　在此需注意的是，文本（文字）的異同。如上述甲乙兩本間，有以下一字的異同（參看末尾〔圖4〕）

　　　　州徒之樂而天下莫不語之王之所以爲目觀也……甲本

　　　　州徒之樂而天下莫不語先王之所以爲目觀也……乙本

　　整理者濮茅左氏在乙本的「釋文考釋」中認爲，「「先」，屬抄誤，本篇甲本作「之」」，即乙本的「先」是誤寫。但是，如復旦大學出土文獻與古文字研究中心研究生讀書會「《上博七‧君人者何必安哉》校讀」〔註5〕所指出的「此處甲本作「之」。乙本作「先」。甲本「之」是乙本「先」之誤。」，不如認爲乙本的「先」是原文，而甲本的「之」，則是因與「先」的上部在形體上相似而發生的誤寫。「先」可作爲原文一點，首先是因爲與後文中「先王爲此，人謂之安邦，謂之利民」的用法相呼應，另外從單獨的「王」字僅限於「王乃出而見之。王曰，……」等會話文以外的說明與描寫部分，及範乘的其他會話中只用「君王」等稱謂上的區分也可得以明確證實。

　　如假設爲上述的系譜（Ⅰ），甲本爲乙本的底本，則乙本應該繼承甲本的誤寫「之」，但乙本在原文中作「先」，因此可看作是對（Ⅰ）的反證。

　　另外在甲本中，含有雖不能斷定爲譌體，但罕見於其他楚簡中的異體字（參看末尾〔圖5〕）。此類字在乙本中均以楚簡習見的形體書寫，並無與甲本直接交涉的形跡。

　　其次來看合文，濮茅左在「說明」中認爲，甲本有「合文四」，即簡3的「珪玉」，簡5「之所」，簡8「七十」，其他還含有簡4的「一人」。的確甲本中「一」與「人」兩字連接緊密，顯示爲合文形態，但需注意的是，其他三例中並未附有共同的合文符號「＝」。戰國楚簡中正規的合文標記方式，包括

〔註 5〕復旦大學出土文獻與古文字研究中心研究生讀書會（程勝軒執筆）〈《上博七‧君人者何必安哉》校讀〉，注〔14〕（復旦大學出土文獻與古文字研究中心網站，2008 年 12 月 31 日）。

上博楚簡，均爲在右下角添附合文符號。甲本簡4則可看作變規。而乙本簡4中「一」與「人」之間則使用通常的，保持字間空白的析書，因此，無法認同與甲本之間存在有繼承關係（參看末尾（圖6））。

關於甲本簡4的「一人」未附有合文符號的理由，可以考慮有甲本的書寫者漏寫的可能性。只是，根據李守奎、曲冰、孫偉龍編著的《上海博物館藏戰國楚竹書（一～五）文字篇》（作家出版社，2007年）對上博楚簡中「一人」的書寫傾向的調查，合文爲一例（〈曹沫之陳〉簡26），而空有字間距離的通常的析書爲五例（〈緇衣〉簡8／〈從政〉甲篇簡3、簡4／〈容成氏〉簡48／〈柬大王泊旱〉簡14），可見「一人」的合文書寫，不是一定佔大多數。根據以上狀況，不如說，甲本簡4的變規，極有可能是甲本的書寫者把通常析書書寫的底本中的「一人」誤認爲合文而連接起來，但又意識到是析書而沒有添附合文符號。此誤解的起因可以認爲，是因底本的析書「一人」的字間距離較窄而造成的。

如上所述，本節的分析結果，均可以看作是對系統（Ⅰ）的反證，至少可以明確認爲，難以找到能證明甲本是乙本底本的證據。

第四節　〈君人者何必安哉〉甲乙本的系譜關係（二）

以下，反過來探討乙本爲甲本底本的系統（Ⅱ）的可能性。乙本中雖無可以斷定爲誤寫等文本上的異同。但散見有其他楚簡中未見的異體字（參看末尾〔圖7〕）。在甲本中，這些文字均以楚簡習見的形體進行書寫，並無與乙本有過直接交涉的痕跡。

如上所述，甲本中雖也可見到與楚簡習見形體相異的異體字例，但並不能因此斷定其全爲譌體。而乙本中可見異體字的大部分，則可認爲屬於譌體。如此狀況，正好說明了乙本的書寫者對文字的習熟程度，要差於甲本的書寫者。

根據前一節中有關合文「一人」的分析，甲本的底本很有可能是字間距離較窄的析書，很難想像會把乙本中明顯的析書誤認爲是合文。因此，對於系譜關係（Ⅱ），也很難找到明確的證據。

上節於本節的分析，主要注重於兩本的譌誤，但還需注意的是，書寫者對底本的文本進行過修訂的可能性。假設把此點也考慮在內，關於（Ⅰ）和（Ⅱ）中譌誤繼承關係的有無，就不一定可以看作是判斷兩者系譜關係妥當性的根據。

　　而其可能性，從以下的理由來看也是極低的。如（Ⅰ）甲本為乙本的底本時，乙本的書寫者對甲本的誤寫和與楚簡習見的文字相異的字例一邊加以修訂一邊書寫。但乙本中，如實反應了書寫者對文字和書法的習熟度低下的譌體隨處可見，則乙本的書寫者對底本甲本，是否有可能加以嚴密的修訂尚是一個極大的疑問。特別是把甲本中被當作是誤寫的「之」字修改成「先」字等，若非參照了其他並無誤寫的文本，幾乎是不可能的。

　　在（Ⅱ）中也存在有同樣狀況。如果乙本為甲本的底本，甲本的書寫者應該對乙本中隨處散見的譌體進行逐一仔細修正。但卻疏忽大意，出現了把「先」字誤寫為「之」字，把析書寫法的「一人」標記為合文等異同。

　　本來，對含有譌誤的文本加以修訂，做成純度更高文本的過程，不僅要求文字的書寫，還要求具有精通內容的高度學力。由在文字和書法方面還不成熟的書寫者，一邊對底本的譌誤進行嚴密的修正，一邊卻在產生新的譌誤，這樣的設定本身就極不自然。因此，把甲本和乙本設想為（Ⅰ）或（Ⅱ）等直系的母子本關係極為困難。考慮到第二章中所指出的兩者的緊密關係，應該把甲乙兩本看作是如下所示的系譜關係（Ⅲ），即具有共同底本的兄弟本關係才最為穩妥。

（Ⅲ）

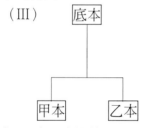

　　如果這個結論較為妥當，為何從共同的底本，製作成帶有稚拙性的特殊字體及含有誤寫或譌體的兩種粗劣文本，則成為一個新的疑問。關於此點，如適用於上述假說，則可得出，甲乙兩本是基於共同的底本——即成為範本的課本簡的習字簡這樣一個總體上的答案。在下節中，將從甲乙兩本的書寫狀況，來驗證兩者為習字簡的妥當性。

第五節　關於〈君人者何必安哉〉甲乙本的書寫實態

　　在甲乙兩本中，難以見到由熟練抄手所書文本，卻有重書和別筆等特殊的現象。在本節中將就此現象舉實例加以分析。

（一）重疊書寫

　　下頁所示諸例，可以認爲是在已寫文字的全體或偏旁的一部分上，加以重疊書寫、修正的例子。其理由可以認爲是，因原筆劃太細，通過重疊書寫使筆劃加粗，或者是通過重疊書寫來調整點劃的長短或方向等原因。這些例子均是在其他的熟練抄手所書簡中難以見到的特異現象。也如實說明了甲乙兩本的書寫者，還處在尙未習熟文字書寫的階段。

甲 1-28「而」　　甲 5-18/19「龍其」　　甲 8-27「傑」　　乙 6-25「人」

（二）別　筆

　　其次是甲乙兩本中混在的別筆的現象。

　　首先，在甲本中需要注意的是，如下頁列舉的簡 5 前半部與後半部之間存在的書風異同一點。爲方面起見，將前半部稱爲書風 A，後半部稱爲書風 B，其特徵如下。

　　書風 A……全體筆劃較細，與書風 B 相比肥瘦變化較小。例如「不」（前
　　　　　　　數第七字）字的左右斜交點劃的交叉角度較大而長度較短一
　　　　　　　點爲判別要點。

　　書風 B……全體筆劃富有彈性，與書風 A 相比肥瘦變化較大。例如「不」
　　　　　　　（後數第四字）的左右交叉點畫的角度較小而長度較長一點
　　　　　　　爲判別要點。

簡 5

書風
B

書風
A

　　基於此觀點來分析甲本的其他竹簡，則書風 A 與簡 1～簡 4 以及簡 7 後半部、簡 8、簡 9 的書風一致，書風 B 則與簡 6、簡 7 的前半部一致。依照如此書風的分佈狀況，可推測書風 A 與書風 B 分別對應不同的書寫者，首先由書風 A 的書寫者書寫簡 1 到簡 5 的前半部，而簡 5 的後半部至簡 7 的前半部，則由書風 B 的書寫者交替進行書寫，最後從簡 7 的後半部至簡 9 再由書風 A 的書寫者進行書寫。

　　其次舉出乙本的例子，來對照同一語句「者可必安才」以及同一文字「不」的別筆，為方便起見，把前者作為書風 C，後者作為書風 D，其各自的特點可總結如下。

書風 C……全體筆劃豎長，與書風 D 相比肥瘦差較小。例如「不」字的
豎劃未在斜交叉部分上方出頭一點爲判別要點。

書風 D……全體筆劃有彈力，與書風 C 相比肥瘦差較大。例如「不」字
的豎劃在斜交叉部分上方出頭一點爲判別要點。

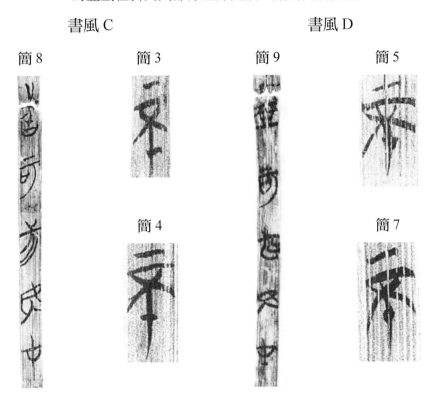

基於此觀點來分析乙本的其他竹簡，則書風 C 與簡 1～簡 4 以及簡 6、簡
8 的書風一致。後半部的書風 D 與簡 5、簡 7、簡 9 一致。依照如此書風的分
佈狀況，可推測書風 C 與書風 D 分別對應不同的書寫者，前半部先由書風 C
的書寫者書寫簡 1 到簡 4，後半部由書風 D 的書寫者對簡 5、簡 7、簡 9，書
風 C 的書寫者對簡 6、簡 8 進行交替書寫。

如此便可認爲，甲乙兩本具有由兩名書寫者就同一簡文進行交替書寫，
或者分簡交替書寫的複雜的書寫形態。關於同一篇內的別筆現象，雖在〈鮑
叔牙與隰朋之諫〉（〈競建內之〉）與〈周易〉中也可見到。但這些均被認爲
是，因竹簡污損或缺失導致文本受損後施加的修補。對比之下，甲乙兩本則
難以看作是修補。而且，同一底本關係的兩者具有共同的別筆現象也如實說

明了，這種由複數（兩人）的書寫者分擔書寫的形態作為一種書寫方式是存在的〔註6〕。並且極有可能顯示了在教學場合學書的形態。

第六節　〈君人者何必安哉〉甲乙本的性質

本章就上博楚簡中具有同一內容的兩種文本與帶有稚拙性特殊字體簡的關係，以〈君人者何必安哉〉甲本、乙本為中心加以了探討。其結果可以總結為以下三點。

（一）甲乙兩本在同形式、同枚數的竹簡上進行書寫，在文本、字體兩方面都具有顯著的共同性。

（二）甲乙兩本分別可見獨自的誤寫和異體字，可認為他們是具有共同底本的兄弟本的系譜關係。

（三）甲乙兩本中，具有對文字進行修正的重疊書寫，又有由兩名書寫者相互分擔等，與通常熟練抄手所書簡不同的書寫形態。

這些均可旁證，甲乙兩本正是基於同一底本（課本）的習字簡，在第一節中所提出的筆者的假說，至少可以認為在〈君人者何必安哉〉甲本、乙本中已經得以證明。

在《國語・楚語上》「申叔時論傅太子之道」中可以見到以下的記述，被任命教育莊王太子的士亹向申叔時詢問太子教育的方針時，申叔時列舉了「春秋」、「世」、「詩」、「禮」、「樂」、「令」、「語」、「故志」、「訓典」等九種科目，並就各項的教育目的進行了說明。

> 莊王使士亹傅太子箴，……王卒使傅之，問於申叔時。叔時曰：「教之春秋，而為之聳善而抑惡焉，以戒勸其心。教之世，而為之昭明德而廢幽昏焉，以休懼其動。教之詩，而為之導廣顯德，以燿明其志。教之禮，使知上下之則。教之樂，以疏其穢而鎮其浮。教之令，使訪物官。教之語，使明其德，而知先王之務，用明德於民也。教之故志，使知廢興者而戒懼焉。教之訓典，使知族類，行比義焉。」

〔註6〕李松儒氏在〈〈凡物流形〉甲乙本字跡研究〉（武漢大學簡帛研究中心「簡帛」網，2009年6月5日）中認為〈凡物流形〉甲本中存在兩種字體，並指出是由兩名書寫者進行書寫的。如本章第一節所述，〈凡物流形〉甲本屬於由特殊字體簡構成的B群，該文本也具有由兩名書寫者分擔書寫的現象。關於這個問題，下次將以B群全體為對象進行綜合的分析。

陳偉氏認爲〈昭王毀室〉、〈昭王與龔之脾〉、〈柬大王泊旱〉等楚王故事，正是相當於該九科中「語」（劃線部）的書籍〔註7〕。如湯淺邦弘氏所指出的，即使暫且保留對是否屬於「語」的判斷，在最適合這些楚王故事的讀者是楚的王或貴族以及將來擔當國政的太子或貴族子弟一點上，也應是無可置疑的〔註8〕。那麼，將楚王故事具有的這種教學用書的性質，與本章的分析結果相結合起來考慮，〈君人者何必安哉〉甲本、乙本則正可以看作是楚的太子或貴族子弟所書寫的習字簡〔註9〕。

如果此見解並無大錯，從與〈君人者何必安哉〉甲本、乙本的關係來看，不僅是屬於楚王故事的〈昭王毀室 昭王與龔之脾〉、〈柬大王泊旱〉、〈莊王既成 申公臣靈王〉、〈平王問鄭壽 平王與王子木〉、〈鄭子家喪〉等，即使是屬A、B兩組但屬楚王故事以外的〈愼子曰恭儉〉、〈用曰〉、〈天子建州〉甲本、乙本、〈凡物流形〉甲本、乙本等，也出現了具有教學用書或習字簡性質的可能性。另外，在上博楚簡是從同一墓中出土的前提上，還可認爲上博楚簡全體，即是由教學用書或者習字簡構成的資料群。從剛才引用的《國語·楚語上》「申叔時論傅太子之道」中記載的九種科目領域來考慮，就可以在一定程度上對上博楚簡的，由學藝方面的多樣性書籍構成的特異性，形成一個整體上的理解。

今後，在此推論的基礎上，還有必要就A、B群的其他資料進行詳細分析，對特殊字體的實態進行進一步的闡明。本章，僅爲這一系列論證過程的第一步。

〔註7〕陳偉〈《昭王毀室》等三篇的幾個問題〉（《出土文獻研究》第七輯，上海古籍出版社，2005年）

〔註8〕湯淺邦弘〈代代相傳的先王故事──〈昭王與龔之脾〉的文獻性質」〉（湯淺邦弘著、佐藤將之監譯《戰國楚簡與秦簡之思想史研究》第八章，頁169～186，萬卷樓，2006年）。

〔註9〕對戰國時期的王和貴族們而言，文字的讀寫自然也是必需的教養，課本文本的書寫在其主要的學習中，占有相當重要的位置也不難想像。特別是作爲掌握基礎文字後的下一階段的學習，書寫作爲爲政者心得與教養的書籍，從內容的理解與學書兩方面，都是最有效的方法。當然由於時代狀況及書寫者身分階層有很大的差異，單純把兩者結合有一定的危險性，但1994年在吐魯番阿斯塔那古墓群出土的〈論語鄭氏注〉殘卷便是顯示該類學書傳統的一個具體的事例。從該殘卷末尾的題記可知，唐景龍四年（710）由義塾的十二歲私學生卜天壽從事了該卷的書寫。

〔圖 1〕帶有稚拙性的特殊字體簡

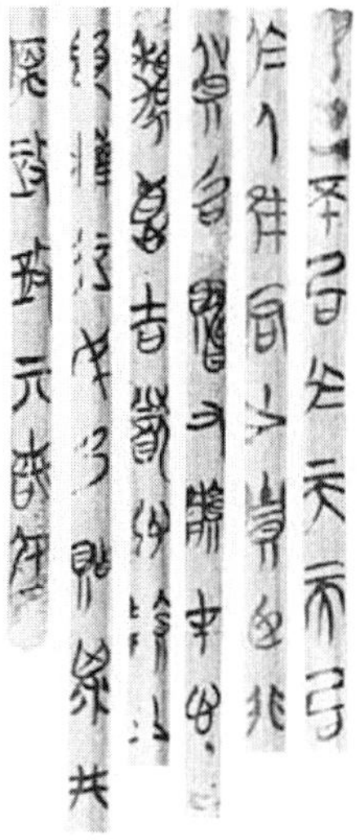

〈用曰〉簡 13 　　　　　　　〈天子建州〉乙本簡 1

〔圖 2〕熟練書寫者所書簡的例子

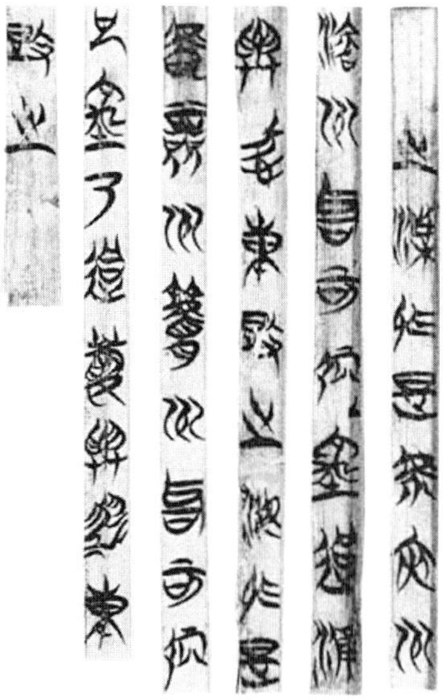

〈容成氏〉簡 25　　　　　　〈曹沫之陳〉簡 54

〔圖3〕甲乙兩本共同的異體字例（數字表示簡號-字號）

字例	樂	者	珪
甲本	 5-02	 8-22	 3-24
乙本	 4-30	 8-14	 3-22
常用體	 乙 5-21	 甲 9-19	 魯 2-22

〔圖4〕甲本與乙本的文本（文字）異同

甲本	乙本
語之王	語先王
5-09	5-05

〔圖5〕甲本異體字例

字例	邦	禔	萬
甲本	 6-14	 7-17	 9-03
乙本	 6-11	 7-07	 8-22

〔圖6〕甲乙兩本合文與「一人」的形體

字例	珪=（珪玉）	所=（之所）	七=（七十）	人（一人）
甲本	 3-24	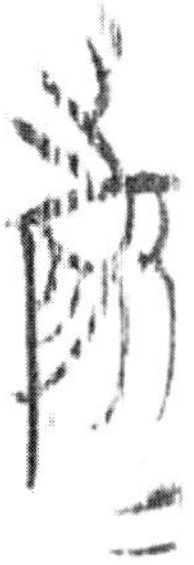 5-11	 8-13	 4-12/13
乙本	 3-22	 5-6	 8-5	 4-15/16

〔圖 7〕乙本異體字例

字例	中	飤	祭	必	軷
甲本	 2-24	 2-26	 5-21	 8-24	 9-13
乙本	 2-23	 2-25	 5-16	 8-16	 9-09
乙本譌体	中央部「口」作「日」	食偏下部「匕」作「у」	上部「攴」的上下分斷	下部點畫向左捺	中央部「日」作「田」

〔附記〕

　　本章，是根據 2009 年 11 月 28 日於臺灣明道大學舉辦的「漢字圈之傳統與現代」國際學術研討會上及 2009 年 12 月 18 日於大阪大學待兼山會館舉辦的戰國楚簡研究會特別講演會上發表論文定稿而成。

第二章 〈凡物流形〉甲乙本的系譜關係

序 言

迄今公佈的上博楚簡中,存在有如下相同內容的甲乙兩種文本的四篇文獻。

〈天子建州〉甲本、乙本(《上博(六)》所收)

〈鄭子家喪〉甲本、乙本(《上博(七)》所收)

〈君人者何必安哉〉甲本、乙本(《上博(七)》所收)

〈凡物流形〉甲本、乙本(《上博(七)》所收)

各篇的甲乙兩本,在文本、字體兩方面均存在著顯的共同性,並具有極為相近的系譜關係。如其中的〈鄭子家喪〉、〈君人者何必安哉〉中包含有可認為是在楚地創作的楚王故事,而且,從〈天子建州〉乙本,〈君人者何必安哉〉甲本、乙本,〈凡物流形〉甲本中帶有稚拙性的特異書風來看,這些很有可能是在楚地書寫的具有某種關聯的文本。本章在此推測的基礎上,以〈凡物流形〉甲乙本的系譜關係為中心進行探討,對楚地文本書寫的實態及其背景加以考察。

另外以下的論述,乃是基於《上博(七)》所收〈凡物流形〉甲本、乙本之圖版來進行,引用則從復旦大學出土文獻與古文字研究中心研究生讀書會《《上博(七)·凡物流形》重編釋文》〔註1〕(以下略記為〈重編釋文〉)。

〔註 1〕復旦大學出土文獻與古文字研究中心研究生讀書會(鄔可晶執筆)《《上博

第一節　有關甲乙本系譜關係的研究狀況

　　首先基於《上博（七）》，來對〈凡物流形〉甲乙本的書誌情況〔表1〕做一下總結〔註2〕。

〔表1〕〈凡物流形〉甲乙本的書誌情況

	殘存簡數（完簡數）	簡長（cm）	編線	殘存字數
甲本	30（23）	33.6	兩道	846
乙本	22（3）	40	三道	601

　　從此表可知，兩本的殘存狀況有很大的差異，比起甲本，乙本的殘缺與缺失簡較多，殘存字數也少了245字。

　　關於〈凡物流形〉甲乙本的釋文，首先是在《上博（七）》中同照片圖版一起公佈了曹錦炎氏的原釋文，後又由復旦讀書會發表〈重編釋文〉。後者基於原釋文，在釋讀、綴合、編聯方面加以了全面的修訂，其後，李松儒氏的〈〈凡物流形〉甲乙本字跡研究〉〔註3〕，又通過對甲乙本中的A、B兩類字跡的分析，實證了〈重編釋文〉以及對此加以補充整理的顧史考氏、王中江氏、張崇禮氏等主張的排序的正確性問題〔註4〕。

　　　（七）‧凡物流形》重編釋文〉（復旦大學出土文獻與古文字研究中心網站，2008年12月31日，劉釗主編《出土文獻與古文字研究》第3輯，頁274～283，復旦大學出版社，2010年）重收），本章引用自重收版。

〔註2〕甲本的殘存簡中的簡27，如李銳〈〈凡物流形〉釋文新編（稿）〉（Confucius2000網，2008年12月31日）所指出的，從字體面來看為別篇的可能性很高，從內容和與乙本的對應關係上也可以證明其妥當性，在此就不做為探討的對象。

〔註3〕李松儒〈〈凡物流形〉甲乙本字跡研究〉（武漢大學簡帛研究中心「簡帛」網，2009年6月5日，武漢大學簡帛研究中心主辦《簡帛》第5輯〈上海古籍出版社，2010年10月，頁285～295〉重收），本章引用自重收版。

〔註4〕李松儒氏從甲本中的AB二類的字跡分析，認為妥當性高的排列，以及AB的字跡分佈如下所示。本章中的考察也從此排列。另外，方框內數字為通過甲乙兩本的比較，竹簡連接得以確認的竹簡號碼，＋為直接連接，……為中間含有缺失。

　　甲本 　A　　　 A　A　A　　　 A　　　A A　A　　 AB B AB B　　 B　　　　 B
　　　　　1+2+3+4+5+6│7│8+9│10+11│12a+13b+14│16│26│18+28│15+24│25+21│13a+12b│22+23+17│
　　　　　B
　　　　　19│20+29+30

　　乙本 1…2+3+4+11b+5│6│7│8│9+10a│11a│19a+19b│13a+13b+20+21│10b…17a+17b+17c+17d│
　　　　　18a+18b│15+16…12│13c…14a│14b…22

在當初曹錦炎氏原譯的階段，兩本的文本各自有誤脫或衍文，與甲本相比乙本更爲混亂。因此，兩本之間很難設想具有彼此抄寫的直系的系譜關係，在文本復原之際，兩本各具獨自的價值。然而，從〈重編釋文〉加以修訂的結果可以明確得知，除甲本的兩處誤脫（乙本簡 17d，簡 13c）與相當於甲本竹簡缺失部分的簡 16「而」字外，乙本的文本，全部與甲本相對應，在兩本的異同上可認爲是誤寫的例子，全存於甲本一方。

以兩本如此的文本關係爲前提，顧史考氏在〈上博七〈凡物流形〉簡序及韻讀小補〉〔註 5〕中，以只有甲本存在有誤寫和誤脫爲根據，提出了甲本抄寫乙本的見解。另外，一上示三王（程少軒）〈〈凡物流形〉甲篇抄自乙篇的一個證據〉〔註 6〕中，比較了甲乙兩本中的「而」字的字形並指出，在乙本中通篇具有的「「左腳」彎一下」的寫法，其影響在甲本的一部分也可見到，可旁證乙本是甲本的底本。

對於兩氏的觀點，反過來認爲甲本爲乙本底本的，是前面提到的李松儒〈〈凡物流形〉甲乙本字跡研究〉。李氏的論文由「一，〈凡物流形〉甲本字跡研究」和「二，〈凡物流形〉甲乙本字跡對照研究」等兩章構成，第一章是關於上述甲本 A、B 兩類字跡的見解，第二章通過對甲乙本字跡的對比，對兩者的關係加以論證。以下就以第二章爲中心，來看其論證的要點。

李氏首先以具體例證，指出甲乙本間存在極爲緊密的字形的傳承關係，設想在兩本間具有「一，甲本抄於乙本」、「二，乙本抄於甲本」、「三，甲、乙兩本同時照抄一個底本」等三種系譜關係。關於其中的「一，甲本抄於乙本」，首先提及上述顧史考氏以及一上示三王氏的見解，並如下指出其存在的問題點。

> 但我們認爲不能僅僅通過一個字的書寫方法不同來判定文本的抄寫關係，也不能從幾處沒有代表性的脫文、衍文來判定文本的抄寫順序。關於抄寫文本的依照性或是說書寫時間的先後性要從字跡特徵涵蓋的多種因素上考慮。

並且李氏還就甲本和乙本的書寫的相異，在提出整理者曹錦炎氏的觀點

〔註 5〕顧史考〈上博七〈凡物流形〉簡序及韻讀小補〉（武漢大學簡帛研究中心「簡帛」網，2009 年 2 月 23 日）。

〔註 6〕一上示三王（程少軒）〈〈凡物流形〉甲篇抄自乙篇的一個證據〉（復旦大學出土文獻與古文字研究中心網站，2009 年 3 月 9 日）。

後，新對「1.抄寫速度的變化」、「2.誤字」、「3.用字不穩定」、「4.「衍符」和脫文、衍文」等四項加以探討，最終得出如下的結論。

> 根據上述的誤字、用字不穩定、脫文、衍文等幾方面對〈凡物流形〉甲、乙本的字跡對比考察，甲本抄自乙本的情況是不太可能的。我們猜測，〈凡物流形〉是先由甲本根據一個底本進行抄寫，乙本是在甲本基礎上進行校改與謄抄。不過，乙本和甲本同時抄寫同一底本的可能也不能排除。

李氏以上觀點中值得懷疑的是，如「乙本的字跡清晰，如果是以其為底本抄寫，甲本是不會多次出現這樣的錯誤」和「但如果是以乙本為底本的話，因乙本用字很穩定，就不應該出現甲本簡 13、簡 17「天」、「而」相混淆的情況」等所述，其認為如果以書法工整的乙本為底本而抄寫甲本的話，甲本中可見到的誤字和用字不穩定等現象就不可能發生，作為甲本抄寫乙本的可能性很低的根據，基本上限於這一點。

然而不待贅言，無論底本的書寫如何工整，也不可能在轉抄之際毫無誤寫。誤寫的誘因與文本的書寫是否工整無關，是經常存在的，誤寫的發生根據抄手的學力、性格、年齡等諸多條件而多有變化。事實上，李氏自己也在「1.抄寫速度的變化」中，指出甲本 AB 的抄手的書寫速度均比乙本的抄手要快，結果在單字、文字佈局的兩方面，甲本比較潦草，而乙本相對比較工整，另外在「2.誤字」中，認為甲本發生誤字的要因在於甲本的抄手功夫僅花在抄寫上而其識字水準較低，而且還指出，有可能是為了儘快完成文本抄寫的工作偏重於抄寫速度而沒有進行校對。這樣考慮到甲本抄手的實際情況，不如應該說，無論底本是如何被工整抄寫出來的，誤寫也是很容易產生的。

此外李氏在「4.「衍符」和脫文、衍文」中，指出甲本中兩處脫文，說「乙本根據別本核校而加以補足」，甲本的脫文之所以存在於乙本，可以看作是因為乙本和別本對校後補足的。但對此觀點，李氏並沒有提示出具體的證據。因此，把甲本的脫文看作是乙本根據別本補足的觀點，只不過是在甲本是乙本的底本這樣一個前提上導出的結論，這種論證方法僅是將應該論證的結論作為了潛在論證前提的循環論證法而已。

通過以上的論述，可知李氏的觀點並沒有足夠的論據，關於甲乙本的關係，還有必要進行慎重討論。在下一節中，將以此種情況為前提，就兩本的系譜關係重新加以探討。

第二節　文本的比較分析

　　為分析文本的系譜關係提供重要線索的，正是在轉寫之際產生的文本謬誤。本節將在先學的研究成果上，從兩本系譜關係的觀點出發，重新就文本謬誤加以探討。

　　首先將兩本中單字的異同全部列舉如下。其中除釋讀上還留有疑問的⑥⑦以外的六例異同外，均可認為是相對於乙本的甲本上的謬誤。關於⑥，在〈重編釋文〉中所示的附加疑問符的乙本的「入」在文意上比較妥當，在釋讀中沒有疑問的甲本的「人」則謬誤性較高。至於⑦，〈重編釋文〉對甲乙本均有存疑，但假如從此釋讀的話，在文面上乙本的「夂（終）」較為順當，而甲本的「禾（和）」則不太通順。

　　①乙本簡8「其入（？）中」——甲本簡10「其人中」

　　②乙本簡11A「事先智」——甲本簡16「事之智」

　　③乙本簡11A「聖人凥於其所」——甲本簡16「聖人屌於其所」

　　④乙本簡19B「可先智」——甲本簡26「可之智」

　　⑤乙本簡12「一而思」——甲本簡17「一天思」

　　⑥乙本簡12「天下而」——甲本簡17「血下而」

　　⑦乙本簡14B「而夂不」——甲本簡20「而禾不」

　　⑧乙本簡22「所容大」——甲本簡29「所鈞大」

　　不過在此需要留意的一點是，謬誤的認定不過是基於釋讀方的判斷，其認為正確的文本不一定就與原本有關。而且，不能否認在轉抄之際，抄手也有可能對原本的文本加以了修改，因此，還有必要考慮到謬誤並不是文本前後關係的決定因素一點。但即使是把這些問題全部考慮在內，具有謬誤性的文本（單字）全部存在於甲本一方的事實，可以說仍然強烈顯示了在文本的系譜上，乙本的位置要高於甲本。

　　比起這些單字的異同，接下來脫文的例子就可以比較明瞭地把握謬誤的產生和文本的前後關係，在創建系譜方面也可以說具有更高的可信度。通過對甲乙兩本進行比較，可知在甲本中具有如下所示的兩處脫文。

　　①乙本簡17d「戠神而同戠同而僉」——甲24「戠神而同而僉」

　　②乙本簡13c「叔之又未敓之又敓鼓之又聖」——甲19「叔之又未敓鼓之又聖」

　　從文脈以及文章結構來看，幾乎可以確定為是甲本文本的謬誤，從容易

誘發看錯行的重出文字（①爲「同」字，②爲「數」字）的存在，也可證明正是由於甲本抄手的不注意而引起的誤脫。因此，甲本中兩處脫文的存在，可以說更有效證明了在文本的系譜上，乙本是位於甲本上位。

總結以上的考察結果，如果從以文本謬誤爲中心的比較分析來看，「乙本抄於甲本」幾乎沒有成立的餘地，如要假設乙本是抄自甲本，則還有必要如李氏所推測的，設定能夠補訂誤寫或誤脫的別本的存在（參看〔系譜Ⅰ〕）。

但是如上所述，乙本中並無留有根據別本校訂或脫文的補入痕跡，甲乙兩本的其他部分也並無與別本有過關聯的線索。

那麼，李氏認爲不能排除其可能性的，甲乙兩本爲同一底本關係的情況又如何？（參看〔系譜Ⅱ〕）。

如果按此推測，因甲乙兩本分別抄寫同一底本，在轉抄之際發生獨自的誤寫或存在誤脫的可能性極大。但如上所述，能夠認定爲誤寫、誤脫的例子僅存在於甲本而不在乙本，所以可以說並無甲乙兩本依據共同底本的痕跡。

按本節中對文本謬誤的分析來看，可以認爲甲乙兩本的關係，最有可能就是把乙本作爲甲本的直系母本的系譜關係（參看〔系譜Ⅲ〕）。

但是，因爲迄今的論述，並不能完全否定〔系譜Ⅰ〕〔系譜Ⅱ〕的可能性，爲了最終對〔系譜Ⅲ〕進行證明，有必要找到顯示乙本對甲本具有直接影響關係的證據。在下一節中，將從該意圖對兩本的字體加以比較分析。

第三節 〔系譜Ⅲ〕的證明

爲了證明在上節中提到的〔系譜Ⅲ〕，首先必須具備提示甲乙兩本有過關聯的痕跡，而且該痕跡也必須顯示從乙本到甲本的影響關係，加之還必須要找到如此複數的事例才可。鑒於以上幾點，在此想重新提及的是，指出甲本

「而」字的一部分具有乙本寫法的影響，並以此作爲甲本底本即爲乙本之佐證的，一上示三王（程少軒）「〈凡物流形〉甲篇抄自乙篇的一個證據」的觀點。只是，一上示三王氏認爲具有乙本影響的「而」字，均屬李松儒氏所指出的 AB 兩組字跡中的 B 組，之所以集中於後半部分，是因爲 B 組偏在於後半部的結果，並非就可以看做是乙本字體的顯著影響。另外，乙本的影響僅限於左右腳相異一點尚留有疑問。此外，正如李氏所批判的，在論述如此影響關係時，僅憑一個事例還不具備說服力，必須提示複數的證據才可。

〔表2〕　「水」偏旁的形體變化

（甲本、乙本各欄內的數字爲簡號，甲本各欄的 A、B 爲李松儒氏所示字跡的類別）

NO.	1	2	3	4	5	6
乙本	1	2	2	2	8	8
甲本	A1	A1	A2	A3	A10	A10

NO.	7	8	9	10	11
乙本	9	9	11a	竹簡缺失	22
甲本	A12a	A14	A16	B15	B29

如此一面留意以上諸點，一面重新對兩本的字體進行比較分析的結果表明，顯示乙本對甲本具有影響關係的，還有如下三個事例。

首先是「水」偏旁（左偏旁）中可見的形體變化。〔表 2〕中將甲乙兩篇的「水」偏旁（左偏旁）的例子進行對比。此間的竹簡順序諸家並無異同，可以看做是與各本中的書寫順序相對應。爲了使條件一致在此僅就甲本 A 類（No.1～9）進行比較。

乙本「水」偏旁的上部三畫獨立，並彎曲呈「乙」字型的形體（以下，爲方便稱此形體爲屈曲體），從 No.1 連續至 No.4。No.5 因有缺損難以判斷，但從 No.6 開始變爲將「川」字上下重疊的形體（以下，爲方便稱此形體爲垂直型），除去缺失的 No.10 並一直延續到 No.11。另外，在甲本 A 類中，與乙本寫法相異形體類似的屈曲型從 No.1 連續至 No.5，在 No.6、No.7 呈中間形狀，至 No.8、No.9 則明確變化爲垂直型。

綜合以上分析，則如〔圖 1〕所示。在對甲乙兩本極爲緊密的關係進行重新確認的同時，從乙本中的屈曲型到垂直型的變化先行於甲本這一事實，也可明確得知兩本的影響關係具有從乙本到甲本的方向性。

〔圖 1〕「水」偏旁的形體變化

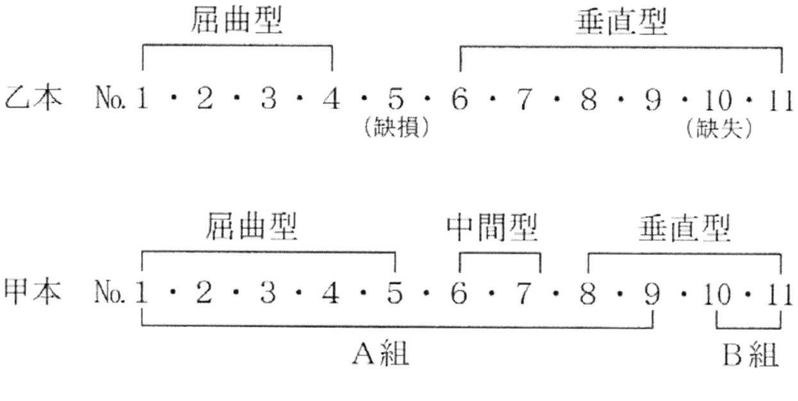

接下來是「人」字的位置變化。在〔表 3〕中將甲乙兩本中的「人」字進行了對比。只有 No.5 的乙本簡 8，在形體、配置等兩方面與乙本的其他「人」字明顯相異，可知爲別字的可能性很高，在此從考察對象中予以除外〔註 7〕。

〔註 7〕如本章第二節中所述的〈重編釋文〉中將該字釋爲「入？」。從文意來看爲妥當的見解，或者也具有僅爲「內（入）」的外郭「冂」的略體字的可能性。

〔表3〕「人」字位置的變化

NO.	1	2	3	4	5
乙本	2	3	4	5	8
甲本	A2	A4	A5	A6	A10

NO.	6	7	8	9	10
乙本	11a	竹簡缺失	17b	17b	竹簡缺失
甲本	A16	A18	B24	B24	B12b

　　乙本的「人」字，毫無例外均靠左書寫在竹簡的左半部，並且與「人」字具有相同構造的「身」字（簡5）、「十」字（簡7）、「千」字（簡7、簡11A）等諸字，也可見到同樣的佈局，可以認為這是乙本抄手的寫法上的一個特色。甲本中 AB 兩類則基本上都是在竹簡的中央進行書寫，不過 A 類中也有如 No.3、No.6 等是靠左書寫，在寫法上有一定的出入。特別是 No.6，第一劃左撇的起筆靠左，刻意空出右側的形跡非常明顯。可以認為此類在甲本 A 類的「人」字上所見到的寫法上的出入，是一邊參看乙本一邊進行抄寫，被乙本的寫法所誘發而產生的結果。

　　以上二例，均為將甲本中字體變化的原因求證於乙本而得出的結果，如進一步質疑，還可以假設如此的反論，即甲乙兩本各自受到共同底本的影響，只不過偶爾看上去像是有一個從乙本到甲本的方向性而已。為此，以下來看乙本固有的要素直接影響到甲本的更為有力的例證，即乙本簡 1 中「之」字的補入。

〔圖2〕乙本簡1末尾部分　　　〔圖3〕甲本簡2簡頭部分

　　〔圖2〕是乙本簡1的末尾部分，簡末的「易（陽）」字的下半部以下殘缺。在此需要注意的是，「遂之系」的「之」字（箭頭部分）具有後來補入的痕跡一點。「之」字是在「遂」字與「系」字之間補入的，這只要從字間與用筆的相異情況就可以明確得知，從彩色圖版中更可以看出，「之」字的墨色微薄，很明顯與前後的文字相異。

　　另外，如〔圖3〕所示，在甲本中，「之系先」的部分位元於簡2的簡頭。甲本簡2為完簡，簡的上部無缺損，而接於其前的簡1也為完簡末尾終於「系遂」並連接簡2。在此需要注意的是，甲本簡2簡頭的「之系」二字緊密結合如同一字。甲本竹簡的簡頭部分均不留空白，因此在書寫「系」字後補入「之」字的情況甚難考慮，從筆跡也可看出「之系」是由一連的運筆所致，而且從語彙和形態面上把「之系」看做合文也相當困難。

　　綜上所述，甲本簡2簡頭「之系」不自然的緊密結合，可以認為是一邊參看乙本一邊進行抄寫的甲本抄手，為將乙本簡1的「之」字的補充部分也忠

實轉抄下來而導致的現象，前節所示〔系譜Ⅰ〕以及〔系譜Ⅱ〕則可以認為
是絕無可能的。

　　以上，在本節中列舉了三個顯示乙本影響甲本的具體例證，並分別加以
了考察。結果可以認為甲乙兩本具有緊密的影響關係，並且均顯示了從乙本
至甲本這樣一個方向。根據筆者的分析認為，無法認同其相反可能性的例證，
也很難找出對〔系譜Ⅲ〕的反證。結合前節以及本節中的考察結果，可以說
基本上證明了甲本是以乙本為底本進行書寫的文本。

第四節　甲乙兩本的文本性質

　　通過對乙本和甲本直系的母子關係的證明，明確了乙本的文本在系譜
上，是位於甲本的上位。有關乙本文本的正當性問題，已經從內容方面予以
指出，前節的考察結果，可以說是從系譜方面對其進行了證實。

　　在此重新浮現的問題是，甲乙兩本各自為何等性質的文本。具有直系的母
子關係的兩個文本很難考慮為從不同的墳墓出土，兩本存在於同一墓主周邊的
可能性極大。但如上所述，因作為母本的乙本和子本的甲本之間，字體和文本
兩方面均明顯相異。所以以下就這個問題，從字體和符號兩方面加以考察。

　　在字體方面，乙本的字體較為工整，而甲本則較為潦草，甲本抄手的識
字水準較低等，已經如上所述被李松儒氏指出過，關於此點，隨兩本系譜關
係的明確，對其的把握也將進一步明瞭。

　　首先需要注意的是，儘管參照的是字體安定、書寫工整的乙本，甲本的
抄手卻仍然發生了不少的誤寫這個事實。

　　例如，在 A 類中「事先智」（乙本簡 11A）→「事之智」（甲本簡 16）、「可
先智」（乙本簡 19B）→「可之智」（甲本簡 26）等，把「先」字多次誤寫為
「之」字，另一方面，在 B 類中，則如「一而思」（乙本簡 12）→「一天思」
（甲本簡 17）、「天下而」（乙本簡 12）→「而下而」（甲本簡 17）等，在同一
簡中發生了「而」和「天」的混亂。而在母本的乙本中，「而」和「天」在形
體方面的書寫毫無例外都明確地分別開來，甲本的抄手也有認識到了這一點
的形跡，但依然有一部分發生了這樣的混亂，說明其在讀解力方面，還有不
太熟練的一面。加上如在前節所指出的，在甲本簡 2 中，把由於「之」字的
後補而緊密連接在一起的乙本簡 1「之系」二字按原樣轉抄的事實，也說明了
甲本的抄手在沒有完全消化文意之下抄寫了母本的狀況。

　　但同時還需留意的是，甲本的抄手絕不是不通文字書寫，而是已經具備了一定的閱讀抄寫〈凡物流形〉所必要的基礎學力，在文字書寫方面也可以推測已具備有獨自的書寫習慣。這些從李松儒氏所指出的書寫速度一點上也可得到旁證，另外作爲具體的事例，看一下甲本 A 組中可見的「心」字（含偏旁）的形體。首先作爲乙本以及甲本 A 組的「心」字（含偏旁）的具體例子，在〔表 4〕中對「心」、「愈」二字進行對比。

　　如例所示，乙本均爲將右撇（磔法）延伸到下方作爲通常的形體，對此，甲本 A 組的竹簡中的屬於「心」字以及「心」部的十二字均爲將左撇（掠法）延伸至下方作 y 型的形體，此形體可知 A 組抄手用了與母本乙本無關的寫法。另外，雖甲本 B 組與乙本相同，作通常的形體，但在此是僅就甲本 A 組而論。

　　y 型的「心」字，在下部結爲 U 形之際，除右側結筆偶爾向下逸出等例外，管見的古文字資料中並無此種形體，可以認爲是甲本 A 組抄手特有的一種書寫習慣。如此可知甲本的抄手雖較忠實轉寫了母本乙本的字體，但在文字方面卻按照自己獨有的書寫習慣進行了抄寫。但也如上所述，如果按照通常的「心」字的形體，甲本 A 組的書寫習慣屬於俗體或譌體，此點也可以說是顯示了抄手水準之端倪〔註 8〕。

〔表 4〕乙本及甲本 A 組的「心」字（含偏旁）

	心	愈
乙本	19b	11b
甲本 A	A26	A5

　　接著來看一下符號，甲乙兩本的文本中，以墨點（含短橫）爲主存在有墨鉤、墨節等各種符號，這些均具有標示句讀或段落以及篇末等作用，是爲了方便文本的閱讀而附加的。甲乙兩本中所見的符號如〔表 5〕所示〔註 9〕。

〔註 8〕如此將撇的方向翻轉的譌體例子，在〈君人者何必安哉〉乙本簡 2「飮」字，「必」字也可見到。

〔註 9〕在此，須提及關於甲本簡 25（〔表 5〕No.18）以及甲簡 19（〔表 5〕No.21）的符

　　由此明確可見，在乙本的殘存簡中得以確認的十七個符號中，除 No.17 以外的十六個均被甲本所繼承外，並無可證明爲甲本獨自附加的符號。而且在形體方面也是以短橫型的墨點爲主，No.18 墨鉤Ｌ型（句讀號）、No.21 墨節（句讀號）、No.24 墨鉤乙型（篇末符號）等，甲本抄手基本上是原樣承襲了乙本符號的形體。這種狀況，說明瞭在文本閱讀方面兩者也具有極其緊密的關係。

〔表5〕甲乙兩本的符號及其對應關係

No.	1	2	3	4	5	6	7	8
乙本	 5	 5	竹簡 缺失	 7	 7	竹簡 缺失	竹簡 缺失	 8
甲本	A5	A6	A8	A8	A9	A9	A10	A10

No.	9	10	11	12	13	14	15	16
乙本	 8	 8	 9	 9	 19b	 19b	 13b	 13b
甲本	A10	A11	符號痕 A14	A14	A26	A26	A18	A18

號的李松儒氏的見解（前註3）。在甲本簡25墨鉤前後抄手從Ａ組交替至Ｂ組，所以李認爲甲本簡25的墨鉤是與抄手的交替有關的符號。但是，如〔表5〕No.18所示，與甲本簡25相對應的乙本簡18b的該部分也存在有相同的符號，但在文脈上相當於斷句作用，可知是承襲乙本的句讀符號。從李氏並未在與甲乙簡25相同的途中發生抄手的交替現象的簡15的「四海」和「閱之」之間發現符號上，也可以旁證此符號並非顯示抄手的交替。而且，作爲「4.「衍符」和脫文、衍文」的衍符例子李氏舉出了甲本簡19的墨節。但是如〔表5〕No.21所示，可以明確認爲與甲本簡19相對應的乙本簡13ｃ的相同部分也存在有同樣的墨節。從文脈來判斷，此墨節是爲了明示主語而附加的句讀符號，難以看作爲衍符。

No.	17	18	19	20	21	22	23	24
乙本	 20	 18b	竹簡 缺失	竹簡 缺失	 13c	竹簡 缺失	竹簡 缺失	 22
甲本	無符號 A28	 A25	 B21	 B21	 B19	 B20	 B29	 B30

那麼如果按照甲乙兩本的系譜關係和上述的分析結果，從兩本的文本性質，可以導出何等的結論？

如果按照字體分析，可知甲本的抄手雖具備有一定的學力，但在書寫能力以及讀解能力等兩方面還處於未習熟的階段。這樣的抄手，很難設想為正確傳寫文本的專業抄手，含有誤寫和誤脫，帶有稚拙性書風的甲本，也很難設想為是以流傳目的進行書寫的文本。另外，根據符號的分析，甲本抄手不但對母本的本文，連主語或斷句以及顯示文末等各種符號也進行了忠實的轉抄，在閱讀方面也可看出其忠實繼承母本「讀法」的意圖。

將工整字體書寫的精良文本（乙本）作為母本，由尚未達到完全習熟階段的書寫者，生產出含有誤寫和誤脫等疏漏的文本（甲本）的情形，恐怕只有設想為教學的場合才能夠有一個完整的理解吧。而且，通過符號的分析獲知的在「讀法」上的緊密繼承，也顯示了兩本是在教學場合存在的文本。即可以認為，乙本是教學場合的課本，而甲本則是學習者基於乙本學書的習本〔註10〕。

結　語

本章中，對〈凡物流形〉甲乙本的關係進行了探討，明確了乙本和甲本

〔註10〕本書第一章「上海博物館藏戰國楚竹書的特異性──以〈君人者何必安哉〉為中心」中使用了「習字簡」一語。不過如用此語，則恐無法與敦煌漢簡或居延漢簡等中可見的對特定的文字和點劃的一部分反復進行練習的習書進行明確區別。因此在本章中，在具有一定學力的學習者，為了學書和促進對內容的理解，書寫文本以資為政者心得或教養的意義上使用了「習本」這個詞。

在系譜上爲直系的母子關係，以及甲本是以乙本爲底本進行書寫的。另外，又在此基礎上從字體和符號兩方面對甲乙兩本文本的性質進行了考察，指出甲本是在教學的場合，以乙本爲課本進行書寫的習本。最後通過甲乙兩本的其他文本的關係提出私見，作爲本章的結尾。

如開頭所述，迄今公佈的上海博物館藏戰國楚竹書中，存在具有相同內容的甲乙兩本的四篇著作，兩本均具有極爲相近的系譜關係。其中的〈天子建州〉乙本，〈君子者何必安哉〉甲本、乙本，〈凡物流形〉甲本中，帶有稚拙性特異書風，另外具有如下三點共同性。

（一）散見有誤寫和譌體等異體字。

（二）字間不均一、文字大小不等，編繩遮蓋文字致使文字的一部分看不到的狀況。

（三）由複數（二人）的抄手進行分擔抄寫，而且具有在同一簡的中途進行交替的現象。

筆者在前章中對〈君子者何必安哉〉甲乙本加以探討，明確了兩本在系譜上爲具有共通母本的兄弟關係，指出其作爲課本是以相同底本進行書寫的兩種習本。而且通過本章對〈凡物流形〉甲乙本的考察，明確了乙本與甲本在系譜上爲母子關係，甲本爲書寫作爲課本的乙本的習本。關於〈天子建州〉甲乙本，也極有可能是以具有同樣整齊書風的甲本爲底本，書寫了帶有稚拙性書風的乙本（關於此點，將在本書第三章中詳敘）。

在此的問題是，〈鄭子家喪〉甲乙本中，不含有在其他的諸篇中可見的帶有明顯稚拙性書風的文本一點。但是，〈鄭子家喪〉甲乙兩本中也可認爲同樣具有緊密的系譜關係。從字體的相似性上，〈鄭子家喪〉乙本與同屬楚王故事的〈莊王既成 申公臣靈王〉、〈平王問鄭壽〉被認爲出自相同抄手之可能性極高〔註11〕。而且因爲帶有稚拙性書風的〈平王與王子木〉與〈平王問鄭壽〉

〔註11〕李松儒〈〈鄭子家喪〉甲乙本字跡研究〉（武漢大學簡帛研究中心「簡帛」網，2009 年 6 月 2 日）中，鑒於〈鄭子家喪〉乙本和〈莊王既成・申公臣靈王〉以及〈平王問鄭壽〉之間具有緊密的字跡的共通性，因此指出了這些均出自同一抄手。而且李就〈鄭子家喪〉甲乙本的關係，甲本以乙本爲底本書寫而成，乙本中的誤字脫字在甲本中變爲正當的文本，是甲本的抄手據別本加以校訂的結果。關於李的見解中把〈鄭子家喪〉乙本和〈莊王既成・申公臣靈王〉以及〈平王問鄭壽〉看做爲同一抄手一點，雖是妥當的見解，但在甲乙兩本的系譜關係上，沒有提示能夠證明與別本進行交流的證據，還有愼重考察的必要。不過在兩本有著極爲相近的關係一點，通過李提示的字跡的比較

的尾字在同一竹簡中交替抄手進行書寫，可知〈鄭子家喪〉乙本的抄手與帶有稚拙書風的〈平王與王子木〉的抄手在空間上也處於很近的場所〔註12〕。從以上的考察結果來看，即使暫時將其歸類於課本或習本，將〈鄭子家喪〉甲乙本與〈莊王既成 申公臣靈王〉、〈平王問鄭壽 平王與王子木〉，均看作是與教學相關的一系列文本也是完全可行的。

以上諸點，尚有需要慎重探討的部分，但如果按照以上考察，則可以推測凡具有甲乙兩本的文本，均為以教學的場合為背景的課本或者是習本。如此推測並無大錯，將此諸篇作為隨葬品的墓主，極有可能是從事楚國王室或貴族子弟教育的人物。

可以完全首肯。
〔註12〕有關〈平王問鄭壽〉和〈平王與王子木〉的關係，請參看本書第五章第二節「〈平王問鄭壽〉簡 6 與〈平王與王子木〉簡 1 編聯的實證」。

－36－

第三章　〈天子建州〉甲乙本的系譜關係

序　言

　　筆者在第一章及第二章中就〈君人者何必安哉〉甲乙本以及〈凡物流形〉甲乙本的系譜關係加以探討，闡明了〈君人者何必安哉〉甲乙本爲擁有共同底本的兄弟關係，而〈凡物流形〉甲乙本則是由甲本書寫乙本的母子關係。並指出，帶有稚拙性字體的〈君人者何必安哉〉甲乙本以及〈凡物流形〉甲本，則是在教學場合由習者書寫的習本（〔圖1〕、〔圖2〕）。

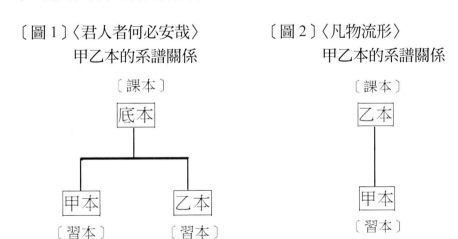

〔圖1〕〈君人者何必安哉〉　　　〔圖2〕〈凡物流形〉
　　　甲乙本的系譜關係　　　　　　　甲乙本的系譜關係

本章作爲研究的一環，此次就〈天子建州〉甲乙本進行考察。〈天子建州〉是收集了種種有關禮的文章的儒家系列著作，全體上甲本（簡6）與乙本由共同的符號（墨鉤）分爲前半部（「凡天子建之」～「一喜一怒」）與後半部（「天子坐以矩」～「不教於師也」）等兩部分，淺野裕一氏認爲，從內容面上全體可進一步分爲十三章〔註1〕。甲本字體書寫工整，而乙本字體則帶有稚拙性，與〈君人者何必安哉〉甲乙本以及〈凡物流形〉甲乙本之間具有一定的類似性〔註2〕。在以下各節中，將從字數、文本、字體、符號等要點對兩本的關係加以探討，試對前稿提出的私見加以論證〔註3〕。

第一節　字　數

首先舉出〈天子建州〉甲乙本的簡數、簡長、編線數〔表1〕。

〔表1〕〈天子建州〉甲乙本書誌情況

	殘存簡數（完整簡數）	完簡簡長cm	編線數
甲本	13（4）	約46	三道
乙本	11（8）	43.5	三道

〈天子建州〉竹簡的損傷較少，通過甲乙兩本對校有可能恢復全體文本，對竹簡的排序也無異論。

從與乙本的對校可知甲本 14 個缺失字的起因，均爲竹簡上端部分的缺損，正如整理者曹錦炎氏所指出的〔註4〕，全篇的總字數爲，殘存字數393字

〔註1〕淺野裕一〈〈天子建州〉的北斗與日月〉（淺野裕一著、佐藤將之監譯《上博楚簡與先秦思想》第八章，頁191～210，萬卷樓，2008年）。

〔註2〕有關〈凡物流形〉甲本、〈天子建州〉乙本、〈君人者何必安哉〉甲乙本字體的類似性，李松儒〈〈凡物流形〉甲乙本字跡研究〉（武漢大學簡帛研究中心「簡帛」網，2009九年6月5日，武漢大學簡帛研究中心主辦《簡帛》第5輯，頁291注②，上海古籍出版社，2010年10月重收）中指出「上舉〈凡物流形〉甲本A組字跡特徵與〈天子建州〉乙本其中一組字跡、〈君人者何必安哉〉甲、乙本的部分字跡特徵是具備同一性的，詳另文」。

〔註3〕本章的考察，是基於馬承源主編《上海博物館藏戰國楚竹書（六）》（上海古籍出版社，2007年）所收「〈天子建州〉甲本、乙本」的圖版以及曹錦炎氏的「釋文考釋」。並且在引用時，在不影響論述的範圍內，有時爲方便起見使用通行字體。

〔註4〕《上海博物館藏戰國楚竹書（六）》頁309。

及缺字數 14 字合計為 407 字（末尾〔別表 I〕）〔註5〕。

一方面，從與甲本的對校可知乙本的缺失字 43 字中，除簡 9 竹簡上端部分缺損 1 字外，其餘 42 字相當於篇末部分。如假設該 42 字存在於乙本，從乙本各簡的容字數推算，篇末當存在有兩簡左右，可以推測，乙本當與甲本同樣，全篇文本有十三簡、407 字（末尾〔別表 II〕）〔註6〕。

如此通過殘缺竹簡的比較可知，甲乙兩本中的缺失字的起因均為竹簡的缺損或缺失，誤脫的例子不包括在內。

以下，從與缺失字的關係上，來看劉洪濤氏的觀點〔註7〕。劉氏指出了如下甲本（簡 9）中「延」字的誤脫，從筆劃與筆順等顯著的相似性上，提出了兩本可能為同一底本的文本，或為正本和副本的關係。

> 上博竹書〈天子建州〉一共有兩個抄本，殘缺程度和清晰程度互有不同，正可互相補充。這兩個抄本不但用字一致（「天子四辟席」的「辟」下「席」上乙本比甲本多一個「延」字之外，可能是甲本抄脫），書寫的筆劃、筆順等也十分相近。它們可能是抄自同一底本，也有可能這兩個本子本來就是一正一副的關係。

但是如上所記，包括劉氏指出的甲本簡 9 的「延」字，乙本中存在的甲本中沒有的缺字均因竹簡上端部分缺失所致，這從與全部竹簡簡長的關係上也可明確得知。因此兩本的關係是否可以確定為來自同一底本的正副本關係還留有商榷的餘地，還有必要從多角度加以探討。下一節中將從此觀點，以文字的異同為主對文本關係進行考察。

第二節 文 本

甲乙兩本中具有①「事」（甲本）——「吏」（乙本）與②「尋」（甲本）——「直」（乙本）等兩處文字的異同。首先來看①〔表2〕。

〔註5〕甲乙兩本有關合文的寫法（「夫＝（大夫）」7例，「冒＝（日月）」1例），除相當於甲本簡 2 的竹簡缺失部分的「夫＝」一例外，均為一致。另在本章中的字數的統計中，合文按照二字來進行計數。

〔註6〕《上海博物館藏戰國楚竹書（六）》頁 334 中，〈天子建州〉乙本第 2 簡的字數為「存三十二字，其中合文二」，但其「三十二字」乃是「三十五字」之誤。

〔註7〕劉洪濤〈讀上博竹書〈天子建州〉箚記〉（武漢大學簡帛研究中心「簡帛」網，2007 年 7 月 12 日）。

〔表2〕①「事」（甲本）──「吏」（乙本）的異同

甲 本	乙 本
「事」簡5	「吏」簡4

　　①的異同部分（下劃線部分），在如下所示的將「文」和「武」進行對比來說明作用的不同，論述兩者併用的段落之中（引用自甲本）。

　　　　文陰而武陽，信文得事（吏），信武得田。文德治，武德伐，文生武

　　　　殺。

　　曹錦炎氏認爲甲本的「事」爲「吏」之譌體，解釋爲「文」＝「吏」（官吏）和「武」＝「田」（耕地）的對比〔註8〕，與後文「文德治，武德伐」的關係上，可以更廣泛地看作是 「文」＝「事」（政事），「武」＝「田」（領地）的對比。也如曹氏所指出的，「事」和「吏」在金文中爲同字，在字義上也具有共有關係，孰爲原文僅從文義上還難以判斷。因此，曹氏以甲本「事」爲乙本「吏」之譌體的觀點尚有商榷的餘地。

　　其次來看②「尋」（甲本）──「直」（乙本）的異同〔表3〕。

〔表3〕②「尋」（甲本）──「直」（乙本）的異同

甲本	乙本
「尋」簡5	「直」簡5

〔註8〕 「「事」，「吏」字之譌。金文「吏」、「事」同字，楚文字「事」、「吏」構形雖有區分，但形近易混。乙本〈天子建州〉此字即作「吏」，不誤。「吏」，《説文》謂：「治人者也。」古代官員的通稱。」（《上海博物館藏戰國楚竹書（六）》頁317）。

曹氏釋乙本的該字為「尋（得）」〔註9〕。雖在考釋中並無言及，但在文義上甲本的「尋（得）」明顯比較妥當，所以可認為乙本的「直」為因同音而解作「尋」的通假字。只是，考慮與前面文本的關係，將乙本的「直」單純看做「尋」的通假字，尚留有疑問。

為考證此點，首先將包含有②的異同部分（下劃線部分）的前後文本加以對照。

〔甲本〕……信文尋事，信武尋田。文惪治，武惪伐。文生武殺。冐＝（日月）昱其央，……（簡5～簡6）

〔乙本〕……信文尋吏，信武尋田。文直治，武直伐。文生武殺。冐＝（日月）直其央，……（簡4～簡5）

如著重點所示，之前的文本中有「文尋吏」、「文尋田」等兩處「尋」字，乙本中均與甲本同為「尋」，並無異同之處。但需注意的是，以下「文惪治，武惪伐」（甲本）的部分中，乙本對於甲本的「惪（德）」使用略體的「直」字一點（波浪線部分）。此種狀況，顯示了在其後的「尋」（甲本）——「直」（乙本）的異同，乃是由之前重複出現的「直」的同音和形體上（目）的類似所誘發的。因此乙本的「直」字，與其認為只是「尋」字的通假字，不如認為是誤寫的可能性更大一些。

通過以上的分析，從文本的系統性觀點出發，至少可以說很難設想在系譜關係上乙本位於甲本之上。

第三節　字　體

在本節中，將從字體分析方面就兩本的關係加以考察。乙本的書法，如曹錦炎氏所論述的「書法前緊密，後疏朗，未及甲本工整，書體亦不同於甲本，顯然為另一抄手所抄」〔註10〕，兩本的書風迥異，很明顯是由不同的抄手抄寫。

甲本文字大小均一字間保持一定距離，各文字結構嚴謹，可知為熟練的抄手所書。並且從均一的書風可知，全篇應出自一人之手。

而乙本則用帶有稚拙性字體所抄，並散見有俗體或譌體字。而且還需注

〔註 9〕《上海博物館藏戰國楚竹書（六）》頁335。
〔註10〕《上海博物館藏戰國楚竹書（六）》頁309。

意的是，乙本中還可見到三種不同的書風，應爲三個抄手分擔抄寫而成。各
個書風按照出現的先後順序編爲 A、B、C，全篇的分佈情況以及顯示書風差
異的同字比較等，如〔表4〕、〔表5〕所示。

　　曹氏所指出的「書法前緊密，後疏朗」等乙本書法前後的相異乃是因抄
手不同一點，在分析乙本字體時，必須加以充分認識。甲乙兩本的字體具有
緊密的共同性問題，已如上由劉洪濤氏所指出。在此將舉出具體例證，重新
就兩本的字體的關係進行確認。

〔表4〕乙本書風分佈

書　風	範　　　　　圍
A	簡1冒頭「凡」～簡7 第二十字「民」
B	簡7第二十一字「之」～簡8 第五字「舍」
A	簡8第六字「天」～簡9 第九字「道」
C	簡9第十字「不」～簡11 末尾「晢」

〔表5〕乙本各書風同字比較

	書風 A	書風 B	書風 C
飤	簡6	簡7	簡10
邦	簡8	簡7	簡11

　　首先，來看顯示兩本共同性的「爲」字、「辟」字。如〔表6〕所示，「爲」
字的全部用例按出現順序排列來看，兩本均在 No.1～3 和 No.4 以後字體發生
了變化〔註11〕。而且〔表7〕的「辟」字，在一系列的文脈中連續出現，但兩

〔註11〕 No.1～No.3 的「爲」字，與楚簡習見的形體相異，可認爲與齊系文字有關聯（參
　　　　看孫剛編纂《齊文字編》頁 65～66，福建人民出版社，2010 年）。同樣的狀況在
　　　　「也」字中也被指出過，僅在甲本中最初的「也」（簡3）可見秦系或三晉系做「㠯」，
　　　　除此以外均做楚簡習見的「㝋」（參看湯餘惠主編《戰國文字編》頁 812～813，福
　　　　建人民出版社，2001 年），另外乙本均作楚簡習見的形體。淺野裕一〈〈天子建州〉
　　　　的北斗與日月〉（前註1）認爲，〈天子建州〉是以周王室瞽史的記錄爲素材進行編

本均僅有 No.1 中所示的最初用例左偏旁作「㠯」，No.2 以後「口」的部分變為「㠯」。如此甲乙兩本不僅各個字體，字體變化也具有顯著的共同性，可知兩者具有極為相近的系譜關係。

〔表6〕「為」字用例（以下乙本各欄字母表示書風類別）

No.	1	2	3	4	5	6	7	8	9	10
甲本	簡2	簡2	簡2	簡3	簡3	簡3	簡4	簡12	簡12	簡12
乙本	簡2A	簡2A	簡2A	簡3A	簡3B	簡3A	簡3A	簡11B	竹簡缺失	竹簡缺失

〔表7〕「辟」字用例

No.	1	2	3	4
甲本	簡8	簡9	簡9	簡9
乙本	簡8A	簡8A	簡8A	簡8A

〔表8〕「德（悳、直）」字用例

No.	1	2	3
甲本	簡5	簡5	簡9
乙本	簡4A	簡5A	簡8A

纂的，如此非楚系文字的存在，證明了其原本或素材是從楚地以外流傳而來的。

〔表9〕「矤」字用例

No.	1	2
甲本	（簡7）	（簡7）
乙本	（簡6A）	（簡6A）

但須留意的是，如〔表6〕的 No.1～3、No.5、No.8 中所示，兩本的字體並非完全一致，細微部分相異之處也有不少。例如在前節中言及的「德」字字體，在甲本中的三例均用「德」，但乙本中最初兩例用「直」，最後一例爲「悳」，字體相異〔表8〕。

如此字體的狀況，說明了不僅〈天子建州〉在其他具有甲乙兩本的著作中也是一種共同的現象，抄手在相對忠實遵循底本字體的同時，在書寫過程中也按自己的用字習慣進行書寫。

在此須注意的一點是，乙本的「矤」字的用例中顯示了受到甲本影響〔表9〕。「矤」字的用例（全篇兩例），在如下一系列的文本中均可見到（因甲本缺失，首字「視」字，引用自乙本，釋文右側數字對應〔表9〕的 No.）。

視矤[1] 量顧還身，諸矤[2] 飲同狀。

各本的「矤」字，甲本 No.2 以及乙本 No.1 爲楚簡習見形體，甲本 No.1 文字的一部分發生缺損，從殘存部分推測可以認爲是同樣形體。對此乙本 No.2 中，「廠」的左撇在右側，發生反轉現象。如此形體並無他例，因在其六字前的乙本 No.1 中作通常的形體，可推測爲是在轉寫之際發生的譌體。在此要注目的是，對應乙本中該字的甲本 No.2「矢」的上部右劃向下方彎曲，正好可見在寶蓋的右側存在有向下的一撇。而且因甲本 No.2 的寶蓋左側一撇的筆劃較細，而顯右側的筆劃印象較深。從如上所述甲乙兩本的緊密關係來看，可以認爲乙本 No.2 發生譌體的誘因正在於甲本的形體。

在現階段，尚未發現乙本影響甲本的例證，乙本 No.2 的「矤」字的譌體，作爲顯示了乙本是基於甲本書寫的典型用例值得矚目。但是因甲本 No.1 的「矤」字左側發生缺損，要明確把握 No.1 的甲本和乙本之間的關係有一定的

困難，上述推測尚留有難以確切論證的一面。因此在下節中，將通過符號的分析進一步論證此推測。

第四節　符　號

首先對比列舉兩本中符號〔表 10〕，並按照淺野裕一氏〔註12〕所提示的〈天子建州〉全體的分章，整理出甲本符號與內容的關係〔表 11〕。

〔表 10〕甲乙兩本符號

No.	1	2	3	4	5
甲本	簡 6	簡 8	簡 8	簡 9	簡 13
乙本	簡 5A	簡 7B 無符號	簡 8A	簡 8A	竹簡 缺失

〔表 11〕甲本符號與內容的關係

章	文　　本	符　號
第一章	凡天子建之以州，～立身不字。	無
第二章	禮者義之兄也。～亡義大諝。	無
第三章	刑屯用情邦喪，～幾殺而邦正。	無

〔註12〕淺野裕一〈《天子建州》的北斗與日月〉（前註 1）

第四章	文陰而武陽，～文生武殺。	無
第五章	日月得其央，～一喜一怒ㄥ。	墨鉤
第六章	天子坐以矩，～民之儀也＿。	短橫
第七章	凡天子禽氣，～士受餘＿。	短橫
第八章	天子四辟筵席，～士一辟＿。	短橫
第九章	事鬼則行敬，～剭刑則以哀。	無
第十章	朝不語內，～臨食不語惡。	無
第十一章	臨鈦不言亂，～故龜有五忌。	無
第十二章	臨城不言毀，～是謂中。	無
第十三章	不諱所不教於師者三。～此所不教於師也ㄥ。	墨鉤

　　〔表10〕No.1 的符號，在甲乙兩本的相同部分附有同樣的形體（墨鉤），從符號的角度也可知兩本的密切關係。此墨鉤，如上所述具有區分前半部（第一章～第五章）與後半部（第六章～第十三章）的功能，從篇末所附符號（No.5，乙本竹簡缺失）在形體的對應關係上也可得到證實〔註 13〕。因此，可知乙本缺失的篇末也極有可能附有相同的墨鉤。

　　No.2～No.4 的符號均為分章的章號，甲本 No.2 相當於第六章末尾，甲本 No.3 相當於第七章末尾，甲本 No.4 則相當於第八章末尾（參看〔表 11〕）。也即三個短橫，集中附在第六、七、八章的章末。那麼如此章號的偏在，究竟有何種意圖？

　　如〔表 11〕所示，從第一章到第五章以及從第九章到第十三章的各章，從各自開頭一句便可明確得知與前章的相違。因此沒有必要特別附加章號。對此第六、七、八三章，均在開頭一句含有「天子」之語，三章在整體上，共有以天子為頂點之身份階層相應的禮的作法這樣一個主題，其內容，是由與對方身份相應的天子的舉止行為（第六章），天子響應之際的邦君、大夫、士各自按身份進行的禮法（第七章），天子、邦君、大夫、士按身份擺設坐席的方法（第八章）等構成〔註14〕。在此點的基礎上，可認為在甲本第六、七、

〔註13〕與全体分為前半部與後半部的構成方式的關聯上需要注意的是，第七章的開頭與第一章同樣始於「凡天子」之語。按照如此文本的對應關係，〈天子建州〉的原本中第六章與第七章之間區分前後的甲乙本中所見墨鉤，本來並非在第五章末尾，而有可能是附在第六章末尾。假如按照這個推測，甲本的第六、七、八章的章末所見章號，乃是在墨鉤移置後附加上去的。

〔註14〕有關〈天子建州〉的內容和構成的詳情，參看淺野裕一〈〈天子建州〉的北斗

八各章章末附有的三個短橫，是爲了明確區分擁有共同主題的各章而附加上去的，在其背後有著對內容周到的理解。

另外，在乙本第六章章末未見有章號，在第七章章末附有細小的短橫。而且在甲本第八章末尾「士一辟」之後附加的章號，在乙本中並非附在章末，而是附在其前邊「夫_（大夫）二辟」句末一點尤其值得注意（參看〔表10〕No.4）。如此章號位置發生的異同是由何種原因所導致？爲了探討這個問題，以下列舉含有章號（No.4）前後甲乙兩本的圖版〔圖3〕與從第八章到第九章開頭部分的釋文。

在此須注意的一點是，乙本的「士一辟事祝」的字間距離與其前後相比呈不自然緊縮〔圖3乙本〕。此種狀況顯示了後補的痕跡，通過仔細查看書寫的實際情況與文本的關係，可認爲後補的過程如下。

（一）由原文本「夫_二辟」的「辟」字看錯行到「士一辟」的「辟」字而發生了「辟士一」三字的誤脫。

（二）「辟士一」三字誤脫的狀態下書寫「夫_二辟事祝則……」下文。

（三）其後發現了誤脫削去「事祝」二字補入「士一辟事祝」五字。

通過以上分析，明確了乙本的「夫_（大夫）二辟」的句末附加的符號，實際爲第八章章末「士一辟」之後所附加的母本的章號，是由乙本抄手看作「辟」字所在行而發生的誤寫。按照此種狀況，乙本第七章末尾所見的細短橫線也是用來表示母本的章號，並且從第六、七、八章章末的三個章號具有的一系列功能來看，可認爲乙本母本在第六章的章末也有可能存在章號。

與日月〉（前註1）。

〔圖3〕甲乙兩本中所見章號位置的異同

左：甲本簡9部分「夫=（大夫）二辟，士一辟_。事鬽（鬼）則行敬，……」

右：乙本簡8部分「夫=（大夫）二辟_，士一辟。事鬽（鬼）則行敬，……」

〔釋文〕第八章到第九章開頭部分

天子四辟筳席，邦君三辟，大夫二辟，士一辟。〔第八章〕

事鬼則行敬，……〔第九章〕

從甲本和乙本之間章號的異同注意到的一點是，在乙本的第六章（簡7）到第八章（簡8）中，發生有如前節所指出的抄手交替現象（參看〔表4〕）。也即從第六章的中途到第七章章末由取代書風 A 抄手的書風 B 抄手進行書寫，從第八章再次由書風 A 抄手進行書寫。在乙本中所見的章號異同，恐怕就是由如此抄手交替所引起的。

按照本節的分析，乙本母本中存在的符號位置，均與甲本一致的可能性極大。此種狀況，正顯示了甲本乃是乙本的母本，前節中的字體的分析結果，通過符號的分析也可得到一定程度上的證實。

結　語

　　本章就〈天子建州〉甲乙本的系譜關係，從字數、文本、字體、符號等角度加以分析。綜合以上考察，在系譜上甲本與乙本乃是母子關係一點，基本上得到了證實。

　　在此需要注意的是，〈天子建州〉甲乙本的書寫狀況與〈凡物流形〉甲乙本之間具有顯著的共同性一點〔註15〕。〈天子建州〉甲本、〈凡物流形〉乙本是由熟練的抄手以工整的書風所寫，對此〈天子建州〉乙本、〈凡物流形〉甲本的書風則帶有一定的稚拙性並散見有譌體字，很明顯是由尚未達到熟練程度的抄手所書寫。並且對於〈天子建州〉甲本、〈凡物流形〉乙本全篇均由一個抄手單獨書寫，〈天子建州〉乙本、〈凡物流形〉甲本則是由複數的抄手分擔進行書寫，並在中途反復交替書寫〔註16〕。另外就符號而言，〈天子建州〉甲本、〈凡物流形〉乙本是在經過周到的準備之後附加的，而〈天子建州〉乙本、〈凡物流形〉甲本則是一面繼承了母本的符號一面又發生一部分誤脫。如此明顯的共同性，顯示了兩本具有緊密的關係，〈天子建州〉甲本、乙本與〈凡物流形〉乙本、甲本同樣，乃是母子關係的系譜，這從書寫狀況的共同性一點上也可以得到一個全面的理解。

　　關於第一節中指出的劉洪濤氏的正本、副本說，已從兩本的系譜關係上得知無法成立，即使從文本的性質一點上，也無法設想如乙本抄手般尚處在未熟練階段的抄手來從事副本書寫的狀況。因此，用帶有稚拙性字體書寫的〈天子建州〉乙本，應該看作是用工整字體書寫的甲本的習本才比較妥當。

　　最後必須指出的是，〈天子建州〉乙本和〈凡物流形〉甲本之間，不僅字體類似，在形體方面也如〔表12〕所示的水偏旁一樣具有近似性。

　　如前節以及本節中所指出的，〈凡物流形〉甲本、〈天子建州〉乙本的字體受到母本深厚的影響，雖然在不同的書寫時期書風與字形也會發生變化，要判斷是否為同筆，必須經過慎重的討論。但是，從上述書寫狀況的共同性和形體方面的近似性上，可以認為在兩本的書寫過程中同一抄手參與的可能性極大。

〔註15〕〈凡物流形〉甲乙本的詳細情況，參看本書第二章「〈凡物流形〉甲乙本的系譜關係」。

〔註16〕如此複數的書寫者進行的分擔書寫的現象，也出現在帶有稚拙性字體的〈君人者何必安哉〉甲本中。〈君人者何必安哉〉甲乙本的詳情，參看本書第一章「上海博物館藏戰國楚竹書的特異性——以〈君人者何必安哉〉為中心」。

〔表12〕〈天子建州〉乙本、〈凡物流形〉甲本水偏旁

〈天子建州〉乙本 簡 5「洛」	
〈凡物流形〉甲本 簡 1「流」	

　　另外，被當做課本的〈凡物流形〉乙本與〈天子建州〉甲本的書風迥異，兩者顯然出自不同抄手之手。因此〈凡物流形〉甲本與〈天子建州〉乙本，可認爲是基於各自的書寫工整的課本（〈凡物流形〉乙本、〈天子建州〉甲本），由相同的學習者分擔書寫的習本。在〈君人者何必安哉〉甲乙本中也可認爲具有同樣的可能性，關於習本間相互關係的進一步考察，將是筆者今後的重要課題。

〔別表Ⅰ〕甲本字數統計表

	簡長（cm）	殘存字數	所缺字數	復原字數
簡 1	42.1	31	1（竹簡上端缺失）	32
簡 2	41	30	3（合文 1・竹簡上端缺失）	33
簡 3	44	29	1（竹簡上端缺失）	30
簡 4	44.6	31	0（竹簡上端空白部分缺損）	31
簡 5	44.4	33	0（竹簡上端空白部分缺損）	33
簡 6	45	33	0（完簡）	33
簡 7	41.5	29	2（竹簡上端缺失）	31
簡 8	42.7	31	1（竹簡上端缺失）	32
簡 9	43.5	32	1（竹簡上端缺失）	33
簡 10	41	29	2（竹簡上端缺失）	31
簡 11	41.5	30	2（竹簡上端缺失）	32
簡 12	43.4	32	1（竹簡上端缺失）	33
簡 13	44.1	23	0（竹簡上端空白部分缺損）	23（末尾留白）
合計	——	393	14	407

〔別表 II〕乙本字數統計表

	簡長（cm）	殘存字數	所缺字數	復原字數
簡 1	41.7	40	0（竹簡下端空白部分缺損）	40
簡 2	43.9	35	0（完簡）	35
簡 3	43.3	35	0（完簡）	35
簡 4	42.2	37	0（竹簡上端空白部分缺損）	37
簡 5	42.5	35	0（竹簡上端空白部分缺損）	35
簡 6	42.1	29	0（竹簡上端空白部分缺損）	29
簡 7	43.6	35	0（完簡）	35
簡 8	42.2	37	0（竹簡上端空白部分缺損）	37
簡 9	40.7	28	1（竹簡上端缺失）	29
簡 10	42.4	25	0（竹簡上下端空白部分缺損）	25
簡 11	41.4	28	0（竹簡上下端空白部分缺損）	28
簡 12	缺失	0	42	42
簡 13				
合計	——	364	43	407

第二部分　上博楚簡文獻學研究

第四章　出土古文獻復原中的字體分析的意義
——上博楚簡的分篇以及拼合、編聯爲中心

序　言

　　近年來，中國出土了大量書寫在簡牘上的古文獻，爲古代史學的各個領域帶來了劃時代的發展。多數的出土古文獻，本爲將複數的竹簡以橫線編聯而成的冊書形式，但由於年代久遠編線枯朽，各簡在出土時已經散亂。因此，在出土古文獻的研究中，如何將這些散亂的竹簡復原爲冊書就成爲最重要的課題之一。

　　本章中所舉的上博楚簡，是上海博物館於 1994 年在香港的文物市場上購得的一千兩百餘枚竹簡、八十餘種出土文獻的總稱。這些均爲湖北省楚墓中的盜掘之物，出土地雖未明示，但書寫年代，根據碳 14 的測定和秦白起拔郢的年代，推定爲公元前 373 年至公元前 278 年。收錄竹簡圖版、釋文的馬承源主編《上海博物館藏戰國楚竹書》（上海古籍出版社）從 2001 年開始，現在（2006 年）已經刊行至第五冊。上博楚簡，與郭店楚簡和包山楚簡等其他戰國楚簡相比，殘缺竹簡極多，此種狀況，主要是由於盜墓以及後來流入市場等原因造成。因此，將大量殘簡按篇分類分篇，將斷裂的殘簡復原拼合爲完整竹簡，並復原各簡的排序等冊書的復原工作，就成爲了上博楚簡研究的基礎研究，佔據重要的地位。

　　如此一系列的復原工作，是在綜合竹簡形制、字體、語彙、文體、內容的基礎上進行的，但因殘簡斷片資訊有限，從竹簡的形制、語彙、文體、內容等方面難以得出客觀性的證據，若強以內容進行分析，則難免陷入主觀的解釋。爲了盡可能地迴避這種危險性，基於正確的分篇進行拼合和編聯，一個有效的方法便是字體的分析，即使在分析殘簡方面也可得到客觀性較高的證據〔註1〕。

　　本章就從該意圖出發，首先從〈內禮〉附簡，〈季康子問於孔子〉簡16，〈弟子問〉、〈君子爲禮〉等三例，來明確出土古文獻復原中字體分析的意義。

第一節　〈內禮〉附簡

　　〈內禮〉（《上博（四）》2004年所收）與《大戴禮記》〈曾子立孝〉篇、〈曾子事父母〉篇擁有共同的內容，均是以孝爲中心有關禮的古佚文獻。篇名來自簡1背面的倒書篇題「內豐」（「豐」爲「禮」的初文），殘存的竹簡包括完存竹簡（完簡）四簡，斷裂的殘簡十簡共計十四簡〔註2〕。其後，由林素清氏、井上亘氏，指出了當初被當做別篇的〈昔者君老〉（《上博（二）》2002年所收）四簡（完簡三簡，殘簡一簡）其實爲〈內禮〉的一部分〔註3〕。本節從兩氏的觀點將〈昔者君老〉作爲〈內禮〉的一部分，但爲避免論述的混亂各篇的名稱依舊。

　　有關〈內禮〉，需要注意的是，上述的十四簡外還保留了分篇的附簡一簡。附簡簡長24.5釐米，爲僅有下段的殘簡，釋文如下所示〔註4〕：

　　　　◪□亡（無）難。母（毋）忘姑姊妹而遠敬之，則民有豐（禮），然

〔註1〕同一冊書編聯復原中的字體分析的有效性，參看拙稿〈郭店楚簡〈語叢三〉之再探討〉（福田哲之著，佐藤將之、王綉雯合譯《中國出土古文獻與戰國文字之研究》第五章，頁119～137，萬卷樓，2005年）。

〔註2〕完簡1、2、3、10，殘簡4A、4B、5、6A、6B、7A、7B、8A、8B、9（AB表示拼合簡）。

〔註3〕林素清〈釋「匿」──兼及〈內禮〉新釋與重編〉（「中國文字學的方法與實踐國際學術研討會」提出論文，芝加哥大學・2005年5月28日～30日），林素清〈上博四〈內禮〉篇重探〉（武漢大學簡帛研究中心主辦《簡帛》第1輯，上海古籍出版社，2006年10月），井上亘〈〈內豐〉篇與〈昔者君老〉篇的編聯問題〉（簡帛研究網，2005年10月16日）。

〔註4〕〈內禮〉附簡釋文，據李朝遠「〈內豐〉釋文考釋」（《上海博物館藏戰國楚竹書（四）》所收）。

後奉之以中準

　　負責〈內禮〉的整理、釋讀的李朝遠氏，在〈〈內豊〉釋文考釋〉（《上博（四）》所收）中就附簡論述道，「此簡字體與本篇相同。曾將之與第八簡綴接，但文義不洽，且編線不整。存此備考」〔註5〕。在其後的研究中，將其看作〈內禮〉的一部分並與其他竹簡一併探討，或是持保留意見僅對以其他竹簡爲對象進行探討，分爲了兩種不同的觀點〔註6〕，至今尚未對附簡的分篇形成一種定論。

　　在此，本論將重新詳查附簡的字體，在風格方面可以認爲與〈內禮〉的其他竹簡類似，但在形體方面如〔表1〕所示，「亡」、「母」、「而」、「敬」、「則」、「民」、「豊」、「中」等，第三欄〈內禮〉附簡中的多處文字，與第一欄〈內禮〉以及第二欄〈昔者君老〉相異，附簡的字體與本篇相同的李朝遠氏的觀點難以首肯。而且試與上博楚簡的其他諸篇進行比較分析的結果發現，其形體也均與第四欄〈季康子問於孔子〉（《上博（五）》2005年所收）一致，而且李朝遠氏認爲可疑的〈內禮〉附簡的編線（第二契口、第三契口）也與〈季康子問於孔子〉的位置基本上相同。也即，從字體和形制兩方面來看，可以認爲〈內禮〉附簡均屬於〈季康子問於孔子〉。

　　那麼，在文意方面兩者的關聯又如何？因〈季康子問於孔子〉的完簡八簡，殘簡二十簡中殘簡約占七成〔註7〕，內容難以確切把握的簡極多，復原其整體上的編聯也極爲困難。現在雖然並未發現其與〈內禮〉附簡之間直接拼合的殘簡，但應該注意的一點是，如下所示在附簡〈季康子問於孔子〉簡5、簡12之間，有與「……而……之，則○有……」共同的文章結構（參看下劃

〔註5〕　只是，簡8爲上下兩段綴合在一起的完簡，附簡爲僅有下段的殘簡，所以難以設想李朝遠氏所指出的簡8和附簡之間的「綴接」。或者簡8也可能是簡9的誤寫。簡9是在〈內禮〉上段僅存的唯一殘簡，至少從竹簡的殘存狀況這一點上看，含簡9下部約3釐米的缺失在內，附簡的接續的設想是有可能的。

〔註6〕　列舉有將附簡看做是〈內禮〉的一部分的林素清氏的觀點，在保留立場的井上亘氏的觀點（參看前註3）。不過，林氏認爲簡9之後拼合附簡（中間含有缺失）的根據不明。

〔註7〕　根據濮茅左「〈季康子問於孔子〉釋文考釋」（《上海博物館藏戰國楚竹書（五）》所收）的「說明」，〈季康子問於孔子〉本篇竹簡爲二十三簡。完簡八簡（簡1、3、4、7、14、19、21、23），綴合後完整簡四簡（簡10、15、18、22），綴合後不完整簡一簡（簡11），上段缺失（下段殘存）簡九簡（簡2、6、8、9、12、13、16、17、21），中段殘存簡一簡（簡5）。如此濮氏嘗試將上下二段的殘簡綴合，但因其中尚留有異議的竹簡，在此恢復綴合前的狀態，以表示完簡、殘簡簡數。

線部分）〔註8〕。

〔表1〕〔註9〕

	第一欄 〈內禮〉	第二欄 〈昔者君老〉	第三欄 〈內禮〉附簡	第四欄 〈季康子問於孔子〉
亡				
母				
而		—		
敬	—			
則		—		
民		—		
豊		—		
中		—		

〔註 8〕 〈季康子問於孔子〉簡5．簡12的釋文，據濮茅左〈《季康子問於孔子》釋文考釋〉以及李銳〈讀〈季康子問於孔子〉札記〉（Confucius2000 網，2006 年 2 月 26 日）。只是簡5，據私見按構文的共同性將「動」後的句點移至「幹」後。

〔註 9〕 可見各文字的用例的竹簡如末尾〔別表Ⅰ〕所示（數字爲竹簡番號，右肩附有＊的數字表示表中所舉圖版的竹簡。另外，一字有兩種字體時，上面所舉字體爲a，下面所舉字體爲b，以示區別）。

　　·☑□無難。*毋忘姑姊妹而遠敬之，則民有禮*。然後奉之以中準
　　【附簡】

　　·☑*面事皆得。其勸而強之，則邦有幹*。動百姓尊之以☑【季5】

　　·☑*安焉。作而乘之，則邦有獲*。先人之所善，亦善之，先人之所
　　使【季12】

　　如此共同的文章結構，可以說是從文體方面顯示了附簡乃是〈季康子問
於孔子〉的一部分。關於〈季康子問於孔子〉中附簡如何定位的問題，因爲
還有必要在此基礎上進行整體上的考察，將另稿詳論〔註10〕，希望通過加入
新的附簡，編聯復原工作會有新的進展。

　　以上在本節中，就〈內禮〉附簡的字體、形制、文體等三點加以了探討，
並指出此三點均顯示與〈季康子問於孔子〉之間具有密切的共同性，明確了
〈內禮〉附簡應分篇到〈季康子問於孔子〉中。

第二節　〈季康子問於孔子〉簡 16

　　通過前節對〈內禮〉附簡的考察，明確把握了〈內禮〉、〈昔者君老〉與
〈季康子問於孔子〉在字體上的相異，並新指出了〈季康子問於孔子〉簡 16
分篇的問題。簡 16 簡長 14.8 釐米，爲僅存下段的殘簡，釋文如下所示〔註11〕。

　　　　☑*之必敬，如賓客之事也*。君曰：「薦豊（禮）

　　如〔表2〕所示，第三欄〈季康子問於孔子〉簡 16 的「敬」、「也」、「豊」
等的形體與第四欄〈季康子問於孔子〉其他竹簡相異，而與第一欄〈內禮〉
及第二欄〈昔者君老〉一致。也即與〈內禮〉附簡相反，〈季康子問於孔子〉
簡 16 明顯屬於〈內禮〉及〈昔者君老〉。

　　此字體分析，從內容方面也得以明確證明。經過對文意、構文的探討，〈季
康子問於孔子〉簡 16 當下接於〈昔者君老〉簡 2（簡長 22.6 釐米，上端稍殘，
下端殘缺），判明了兩者原爲同一竹簡（參閱後揭釋文）〔註12〕。另外〈昔者

〔註10〕 參看拙稿〈上博五〈季康子問於孔子〉的編聯與結構〉（丁四新主編《楚地簡
　　　　帛思想研究（三）》，湖北教育出版社，2007 年）。
〔註11〕 〈季康子問於孔子〉簡 16 的釋文，引自濮茅左〈〈季庚子問於孔子〉釋文考
　　　　釋〉以及陳偉〈上博五〈季康子問于孔子〉零識〉（武漢大學簡帛研究中心「簡
　　　　帛」網，2006 年 2 月 20 日）。
〔註12〕 〈昔者君老〉簡 2 的釋文，引自陳佩芬「〈昔者君老〉釋文考釋」（《上海博物

君老〉簡 2 與〈季康子問於孔子〉簡 16 合起來的簡長爲 37.4 釐米，對此，因
〈昔者君老〉的完簡簡長爲 44.2 釐米，所以如釋文中的「……」所示，〈昔者
君老〉簡 2 與〈季康子問於孔子〉簡 16 之間尚存在有 6.8 釐米的缺失簡。

> 至命於閤門，以告寺人，寺人入告於君。君曰：「召之。」太子入見，
> 如祭祀之事〔也〕【昔 2】……之必敬，如賓客之事也。君曰：「薦
> 禮。」【季 16】

通過以上的分析，〈季康子問於孔子〉簡 16 在〈內禮〉篇中的文意，明顯爲
對老君講述太子朝見之禮，通過君主的言語肅穆進行的禮的程式也得以進一
步明確。

〔表 2〕〔註 13〕

	第一欄 〈內禮〉	第二欄 〈昔者君老〉	第三欄 〈季康子問於孔子〉簡 16	第四欄 〈季康子問於孔子〉
敬	—	（圖）	（圖）	（圖）
也	（圖）	—	（圖）	（圖）
豐	（圖）	—	（圖）	（圖）

第三節　〈君子爲禮〉、〈弟子問〉

〈君子爲禮〉、〈弟子問〉，是《上博（五）》（2005 年）中公佈的佚書。〈君

館藏戰國楚竹書（二）》所收）。據私見從與〈季康子問於孔子〉簡 16 的關聯
在末尾補入「也」字。
〔註 13〕可見各文字的用例的竹簡如末尾〔別表Ⅱ〕所示（數字爲竹簡編號，右肩附
有＊的數字表示表中所舉圖版的竹簡。另外，一字有兩個字體時，上面所舉
字體爲 a，下面所舉字體爲 b，進行區別）。

子爲禮〉殘存十六簡中有完簡二簡，殘簡十四簡，〈弟子問〉殘存二十五簡
則均爲殘簡。兩者均以孔子及弟子的問答爲中心，在內容方面具有類似性。
負責整理、釋讀的張光裕氏在「〈君子爲禮〉釋文考釋」的「說明」當中說：

> 本篇與下一篇〈弟子問〉簡文內容性質相類，多屬孔門弟子與夫子
> 之間問答，兩篇合共四十一簡，然殘闕仍多，彼此之間實在難以依
> 序編連。經仔細分辨，並從竹簡切口位置、文字書寫風格及特徵審
> 視，大致可區分爲兩類，例如「而」、「也」、「子」、「其」、「韋」諸
> 字，無論運筆或形體，皆有其獨特寫法。今乃依據上述標準，並結
> 合部分簡文內容，分爲〈君子爲禮〉及〈弟子問〉兩篇。

《上博（五）》刊行後，以網絡爲主提出了有關釋讀的眾多觀點，特別需要
注目的有，陳劍「談談《上博（五）》的竹簡分篇、拼合與編聯問題」〔註14〕。
其中陳氏在「三，〈君子爲禮〉」（三）中，提示了如下釋文。

> （三）、簡 11＋15＋13＋16＋14＋12 可拼合、連讀，〈弟子問〉篇的
> 簡 22 當次於其後。簡文如下：
>
> > 行子人子羽問於子貢曰：「仲尼與吾子產孰賢？」子貢曰：「夫子
> > 治十室之邑亦樂，治萬室之邦亦樂，然則☒【11】☒㱃（喜-矣）。」
> > 「與禹孰賢？」子貢曰：「禹治天下之川，【15】□以爲己名。夫
> > 【13】子治詩書，【16】亦以己名，然則賢於禹也。」「與舜【14】
> > 孰賢？」子貢曰：「舜君天下，☒【12】
> > ☒子聞之曰：「賜不吾知也。夙興夜寐，以求聞【弟子問22】

陳氏在該釋讀中，將開頭部分釋爲「行子人」，將「子」作爲衍字，將「子羽」
比定爲鄭的行人子羽（公孫揮）等觀點，當從之處甚多，但從分篇、編聯的
問題上需要注意的是，在簡 12 之後接續〈弟子問〉簡 22 一點。作爲其根據，
陳氏作了如下說明。

> 〈弟子問〉簡 22 當是孔子在得知子貢與子羽的問答內容後，認爲子
> 貢的回答不妥，子貢並不眞正了解自己。〈弟子問〉簡 22 的保存狀
> 況與前引本篇簡 16 相近，也有助於說明它們原本在一處。

在〈君子爲禮〉中展開的鄭的行人子羽與子貢的問答，是有關孔子與子
產、禹、舜孰優孰劣的內容，並與子羽所仕的名宰相子產〔註15〕、留下治水

〔註14〕陳劍「談談《上博（五）》的竹簡分篇、拼合與編聯問題」（武漢大學簡帛研
　　　　究中心「簡帛」網，2006 年 2 月 19 日）。
〔註15〕《左傳》襄公二十四年，對於辭退對進攻陳的鄭伯賞賜（六邑），受三邑的

功績開創了夏王朝的禹、禪讓給禹的聖天子舜進行了漸進式的對比。因竹簡的缺失，子產與舜的部分在內容上難以明確把握，在與大禹的比較中稱，比起治理天下河川的禹治詩書的孔子更加卓越。有關子產的敘述缺少了判定優劣的最終部分，但判定的根據則爲「夫子治十室之邑亦樂，治萬室之邦亦樂」，在統治上舉出了「樂」作爲標準。將「樂」作爲最高目標的想法，從例如《論語・雍也》篇的「子曰，知之者不如好之者。好之者不如樂之者」等的孔子之言，也可以簡單地推測出其結論應當爲，樂於統治的孔子比子產更加優越。按照如此子產與禹的比較方式，與舜對比的結論，極有可能也同樣是孔子更爲賢良〔註16〕。

如此通過子羽與子貢的一系列問答，其內容應爲論述了孔子較子產、禹、更爲賢良。不過，按照陳劍氏的觀點，其後如果存在有〈弟子問〉簡22「……子之聞曰：『賜吾不知。夙興夜寐，以求聞……』」等孔子之言，即成爲由孔子對子貢的觀點進行批判的構造，該章段的意圖，有可能並非在論述孔子對子產、禹、舜的優越性，相反是對於過度敬仰老師以至於發出不遜言辭的子貢，來顯示孔子的謙讓。因此可以說〈弟子問〉簡22的拼合，具有左右理解該章段內容的極爲重要的意義。

下面就〈弟子問〉簡22的拼合的妥當性，從字體方面加以探討（參看〔表3〕）。首先應該指出的一點是，在〈弟子問〉簡22中張光裕氏區分〈君子爲禮〉與〈弟子問〉的標準文字中包含有「也」、「子」等字。

子產，「公孫揮曰，子產其將知政矣。襄不失禮」記錄了子羽（公孫揮）對其的評價，關於襄公三十一年子產的政權中子羽的作用，有「子產之從政也，擇能而使之。……公孫揮能知四國之爲，而辨於其大夫之族姓班位貴賤能否，而又善爲辭令。……鄭國將有諸侯之事，子產乃問四國之爲於子羽，且使多爲辭令」的記述。據此記述，子羽的人物評價很高，作爲通曉諸國情況的人物，子羽向子貢就孔子作爲賢者的程度進行提問這樣一個〈君子爲禮〉的場面設定，可以認爲作爲進行外交工作的子羽的行爲就帶有了現實感覺。只是，如陳劍氏所指出的，子產、子羽在時代方面先行於孔子和子貢，該故事難以看作是歷史上的事實。但恐怕是因爲時代比較近接，而沒有被當做一個大的時代錯誤。如此狀況在一方面，充分顯示了該故事的虛構性，如果按照對子羽和子貢的時代差認識不足來看，可以認爲該故事應該是較晚時期成立的。

〔註16〕〈君子爲禮〉的內容以及思想史的意義，參看淺野裕一〈《君子爲禮》與孔子素王說〉（淺野裕一著、佐藤將之監譯《上博楚簡與先秦思想》第三章，萬卷樓，2008年）。

〔表 3〕〔註17〕

	第一欄 〈君子爲禮〉	第二欄 〈弟子問〉簡22	第三欄 〈弟子問〉
也			
子			
不			

　　其中「子」字第二劃的豎劃，對於第一欄〈君子爲禮〉中直線型的豎劃，第三欄〈弟子問〉中在筆法上呈曲線傾向。第二欄〈弟子問〉簡22的「子」字稍不鮮明但也有曲線型的筆劃，可以認爲〈君子爲禮〉和〈弟子問〉之間具有一定的共同性。但就「子」字而言，〈君子爲禮〉和〈弟子問〉之間在字形方面沒有什麼差異，在個別字例上還存在極爲接近的例子，所以還有必要考慮到以其單個作爲判斷標準時難以起到充分有效一點。

　　對此，「也」字最終的筆劃在第一欄〈君子爲禮〉中在左斜下方止筆後向右上大幅折回，而在第三欄〈弟子問〉中則向右斜下方一直延伸，兩者具有很明顯的差異，第二欄〈弟子問〉簡22與〈弟子問〉的其他諸簡一致。〔註18〕

　　如此就確認了〈弟子問〉簡22的「子」、「也」字均與〈弟子問〉其他諸簡一致，而與〈君子爲禮〉相異。在此，還想進一步指出在兩者的分篇上有效的常用字例「不」字的特徵（參看〔表3〕）。楚簡文字「不」字的豎劃通常

〔註17〕〔表3〕所舉各文字的圖版的竹簡編號，如下所示。各篇的竹簡全體的用例參看末尾〔別表Ⅲ〕。
　　　　「也」……〈君子爲禮〉簡3，〈弟子問〉簡4
　　　　「子」……〈君子爲禮〉簡11，〈弟子問〉簡8
　　　　「不」……〈君子爲禮〉簡2（二例），〈弟子問〉簡13
〔註18〕據圖版所示〈弟子問〉簡22的竹簡損傷嚴重，竹纖維呈現分解上浮狀。因此「也」字向右斜下方所引墨線的一部分看上去似浮起並向上方折回，這應該不是實際的點劃。

附加爲沒有必要的裝飾性的一劃（點）的例子比較多見，此裝飾性的筆劃在第一欄〈君子爲禮〉中爲橫劃，與第三欄〈弟子問〉中的圓點明顯不同。而第二欄〈弟子問〉簡 22 的「不」字也與「子」、「也」字同樣，與〈弟子問〉的其他諸簡一致。

「也」、「子」、「不」字的出現狀況按照〈君子爲禮〉、〈弟子問〉各簡來整理即如本篇末尾〔別表III〕所示，並無一例混用其他筆法、形體的例子。如此，在複數的文字中表現出的筆法、形體上的相異狀況，正可說明是顯示了〈君子爲禮〉與〈弟子問〉的抄手並非同一人〔註19〕。

而且更爲重要的一點是，如張光裕氏所指出的，此類字體的相異與一部分的完簡以及殘存簡測量到的契口位置（參看〔別表III〕「竹簡（殘存契口）」）的相異也相對應〔註20〕。該種狀況，顯示了此類字體和契口位置間很明顯存在有對應關係，而且也對應有同一字體但因缺損無法特定其契口位置的殘簡。即〈君子爲禮〉與〈弟子問〉在字體以及契口位置上的相異，正說明瞭兩篇乃是屬於不同筆者所抄寫的不同的冊書。

通過以上的考察可知，陳劍氏認爲在〈君子爲禮〉的子羽與子貢的問答之後，接續有孔子批判子貢的〈弟子問〉簡 22 的觀點，很明顯難以成立。

陳劍氏還進一步還指出如下〈君子爲禮〉簡 10 與〈弟子問〉簡 18 的拼合：

> 另外，本篇簡 10 也有可能當與〈弟子問〉篇的簡 22〔註21〕相拼合，

〔註19〕而且在〈君子爲禮〉與〈弟子問〉之間，前者以肥瘦差較少的線條形式的點劃爲主，後者則利用毛筆的彈力以紡錘型的點劃爲主，在書風的點劃構造上具有不同之處。〈君子爲禮〉與〈弟子問〉的抄手不同，也證明了如此書風的迥異狀況。

〔註20〕據張光裕「〈君子爲禮〉釋文考釋」的「說明」，〈君子爲禮〉的完簡簡長在 54.1～54.5 釐米之間，從第一契口至頂端的距離爲 10.5 釐米，從第一契口到第二契口的距離爲 13.2 釐米，第二契口到第三契口的距離爲 19.5 釐米，第三契口到尾端的距離爲 10.3 釐米。另一方面，可能是因爲〈弟子問〉均爲殘簡，契口位置的數值沒有表示。據草野友子《〈上海博物館藏戰國楚竹書（五）〉について——形制一覽と所收文獻提要》（《中國研究集刊》第 40 號，2006 年），從〈弟子問〉的頂端至第一契口的距離，根據簡的不同契口的位置也略微不同難以確定，第二契口到第三契的距離爲 18.2 釐米，第三契口到尾端的距離爲 9.4～9.5 釐米。因草野氏的數值是基於原尺寸的圖版進行的測量，尚有必要考慮到若干的誤差，但根據第二契口以及第三契口的數值足以證明〈君子爲禮〉和〈弟子問〉屬於契口位置不同的不同的冊書。

〔註21〕陳劍氏認爲是「簡 22」，但從隨後所舉釋文中，可知爲「簡 18」。

附記於此：

☑昔者仲尼緘（？）徒三人，弟徒五人，芫贄之徒【10】者，皆
可以爲諸侯相矣。東西南北，不奇□☑【弟子問 18】

但就此點也如〔表4〕所示，因第二欄〈弟子問〉簡18的「不」字與第
一欄〈君子爲禮〉相異，而與第三欄〈弟子問〉具有共同的圓點裝飾筆劃，
所以同樣與冊書相異的〈君子爲禮〉簡10〔註22〕的拼合，也難以首肯。

〔表4〕〔註23〕

第一欄 〈君子爲禮〉	第二欄 〈弟子問〉簡18	第三欄 〈弟子問〉
不		

圍繞孔子與子產、禹、舜的優劣之論子羽與子貢間的問答是如何歸結的
問題，因竹簡的缺失而無法查明，但在這個問題上需要注意的是，陳劍氏指
出的與〈弟子問〉簡18接續的〈君子爲禮〉簡10中，具有「仲尼」的稱謂。

查看〈君子爲禮〉殘存十六簡中孔子的稱謂，在敘事部分均爲「夫子」（簡
1・簡3），在問答中孔門弟子顏淵（簡3・簡4）、子貢（簡11・簡13＋16）
也均稱「夫子」。即在〈君子爲禮〉中用「仲尼」的稱謂，僅限簡11子羽之言
與簡10而已。此種狀況，反而顯示了簡11的子羽乃是孔門弟子以外的人物，
從稱謂的觀點也難以首肯將子羽作爲孔門弟子的子羽（澹臺滅明）的張光裕
氏的見解，也證實了陳劍氏將其比定爲鄭的行人子羽（公孫揮）的觀點的妥
當性。並且從簡10中也存在有「仲尼」的稱謂一點，可推測並非是敘事部分
而可能是孔門弟子以外人物的話語的一部分。

在此將除簡10以外〈君子爲禮〉殘存十五簡的內容，分類爲如下四組（數
位爲竹簡號碼）。

〔註22〕關於〈君子爲禮〉簡10的分篇尚無異論，其妥當性從〈君子爲禮〉簡11中
所見「中尼」的字體完全符合一點，點劃的構造（書風）共通一點，第一契
口的位置一致一點等也可以明確得以證明。
〔註23〕〔表4〕所舉圖版的竹簡編號，如下所示。各篇的竹簡全體的用例參看末尾
〔別表Ⅲ〕。
「不」……〈君子爲禮〉簡2（二例），〈弟子問〉簡6。

（Ⅰ）顏淵與孔子就禮的實踐的問答（簡1＋2……＋3墨鉤前）

（Ⅱ）顏淵與孔子就獨知、獨貴、獨富的問答（簡3墨鉤後＋9A＋……
4……＋9B）〔註24〕

（Ⅲ）禮的具體的實踐方法（簡5＋6、簡7A、簡7B＋8）〔註25〕

（Ⅳ）行人子羽與子貢之間就孔子與子產、禹、舜孰優孰劣的問答（簡
11……＋……15……＋13＋16＋14＋12）

其中（Ⅰ）和（Ⅱ）連續，在全體構成方面（Ⅰ）、（Ⅱ）和（Ⅲ）與（Ⅳ）
的前後關係不明。假設〈君子爲禮〉是由此四組內容所構成，在現存簡的登
場人物中能夠使用「仲尼」的稱謂，只有（Ⅳ）的子羽，從完存簡11的簡
首「行子人子羽問於子貢曰」相當於（Ⅳ）的開頭部分一點，可認爲簡10
有可能是對於子貢之言子羽進行論述的一部分。只是〈君子爲禮〉存在有大
量的缺失簡，殘存的四組以外還含有別的問答的推測也可成立，還有必要考
慮到簡10也有可能爲缺失的問答中孔門弟子以外人物的話語的一部分。

簡10難以把握文意，是在〈君子爲禮〉中與其他諸簡的關聯以及定位尚
未解明的唯一殘簡，根據上述的考察可以認爲，雖然還不充分，但在釋讀上
已看到了一定的方向性。

以上對於陳劍氏的觀點，驗證了張光裕氏分篇的妥當性，最後就〈君子
爲禮〉與〈弟子問〉的分篇問題，來考察一下〈弟子問〉簡3。

〈弟子問〉簡3，簡長12釐米，爲上端平齊，下端殘缺的殘簡。其釋文
如下所示〔註26〕。

母又（有）柔敎，母又（有）首猷，植▨

以下對〈弟子問〉簡3與〈君子爲禮〉以及〈弟子問〉的其他諸簡之間
可以進行比較的「毋（母）」、「子（偏旁）」、「又」、「植」四字加以分析（參
看〔表5〕）。

〔註24〕（Ⅱ）的拼合、編聯，引自陳劍〈談談《上博（五）》的竹簡分篇、拼合與編
聯問題〉（前註14）以及陳偉〈〈君子爲禮〉9號簡的綴合問題〉（武漢大學簡
帛研究中心「簡帛」網，2006年3月6日）。

〔註25〕（Ⅲ）的拼合，引自陳劍〈談談《上博（五）》的竹簡分篇、拼合與編聯問題〉
（前註14）以及劉洪濤〈談上海博物館藏戰國楚竹書〈君子爲禮〉的拼合問
題〉（武漢大學簡帛研究中心「簡帛」網，2006年9月2日）。

〔註26〕〈弟子問〉簡3的釋文，引自張光裕「〈弟子問〉釋文考釋」（《上海博物館藏
戰國楚竹書（五）》所收）。

〔表5〕〔註27〕

	第一欄 〈君子爲禮〉	第二欄 〈弟子問〉簡3	第三欄 〈弟子問〉
毋			
子 （偏旁）	──	 （季）	 （季）
又	──		
植	──		

　　首先來看「毋」，可以散見第一欄〈君子爲禮〉中第一劃的收筆具有明顯捲入右側的特徵〔註28〕，第二欄〈弟子問〉簡3則與其一致，而於第三欄〈弟子問〉的其他諸簡不同。

　　有關「子」字的相異已如前所述，第三欄〈弟子問〉中「季」字偏旁的「子」字，與〈弟子問〉的「子」字同樣，第二劃的豎劃作曲線，可見為一貫的筆法。但是，第二欄〈弟子問〉簡3「季（教）」字的偏旁的「子」字，第二劃作直線，與〈弟子問〉的「子」字筆法相異，反與〈君子爲禮〉的「子」字一致（有關「子」字的用例參閱〔表3〕、〔別表III〕）。

　　關於「又」、「植」，因〈君子爲禮〉中不見用例，則與第二欄〈弟子問〉簡3和第三欄〈弟子問〉的其他諸簡進行比較，〈弟子問〉簡3的「又」字中，「ㄷ」為角度近於水準方向的收筆較緩的曲線，而〈弟子問〉的其他諸簡中，「ㄷ」的角度均近於直角，收筆幾乎為垂直下劃，兩者的筆法明顯不同。而且在「植」字上，〈弟子問〉簡3上部「直」的第一劃作橫劃，而〈弟子問〉

───────────────

〔註27〕可見各文字的用例的竹簡如末尾〔別表IV〕所示。
〔註28〕同樣的狀況在基本上具有相同形體的「女（汝）」字上也通用。

簡 20 則作圓點，點劃的形體相異。如此相異狀況與上述的〈君子爲禮〉將「不」的飾筆作橫劃而〈弟子問〉作圓點的狀況相對應，可認爲是間接顯示了〈弟子問〉簡 3 與〈君子爲禮〉之間的共同性。

雖在〈弟子問〉簡 3 中，並無能夠成爲明顯判斷標准的文字，且可對比三者的文字（單字）僅限於「毋」字，還需進行愼重考察，但如果綜合上述諸點，還是可以認爲〈弟子問〉簡 3 極有可能是〈君子爲禮〉中的竹簡。

以上字體分析的結果，可以從契口位置分析上得到有力的佐證。草野友子氏指出從〈弟子問〉的頂端到第一契口的距離，簡 3 爲 10.4 釐米，而簡 13 則不同，爲 15.0 釐米，所以無法確定乃是第一契口的位置〔註29〕。如按照之前字體分析的結果，可以認爲草野氏所指出的契口位置的不同，正是由於簡 3 實際上是屬於〈君子爲禮〉的竹簡而引起的。並且從〈君子爲禮〉的頂端至第一契口的距離爲 10.5 釐米，與〈弟子問〉簡 3 的十‧四釐米基本上位置相同一點，正可證明之前的字體分析的結果，進一步明確了〈弟子問〉簡 3 應分篇到〈君子爲禮〉當中。

從文體方面還應該注意的一點是，〈弟子問〉簡 3 中具有「毋有□」的禁止條例的形式。與此相類似的文體如下所示，還見於〈君子爲禮〉（Ⅲ）的簡 5＋6、簡 7A 中〔註30〕。

> 好。凡色，毋憂、毋伕、毋怍、毋謠、毋【5】眣視、毋側睞。凡目，
> 毋遊，定視是求。毋欽毋去，聲之疾徐，稱其眾寡【6】
>
> ☑醒而秀。臂毋廢、毋痀，身毋傴、毋靜，行毋眠、毋搖，足毋墜、
> 毋□☑【7A】

〔註29〕 參看草野友子〈《上海博物館藏戰國楚竹書（五）》について——形制一覧と所收文獻提要〉（前註20）。另外據筆者的分析，含有附簡的〈弟子問〉殘存二十五簡中，上端平齊的竹簡爲簡2、簡3、簡13、簡19、簡21等五簡，簡21的第一契口的位置，從圖版難以明顯確認。草野氏就簡2、簡19的契口並無言及，但簡2在「民」字和「也」字之間，簡19在「虐（乎）」字和「子」字之間可以確認到一定的痕跡。不過即便如此，簡2爲9.2釐米，簡19爲17.8釐米均不相同，〈弟子問〉的第一契口的位置更加難以確定。從〈弟子問〉的竹簡斷裂的狀況以及其他篇中第一契口的位置的傾向性，簡2的9.2釐米的可能性雖可考慮，但也僅爲臆測的範圍。有關〈弟子問〉的契口位置，迫切希望能夠根據原簡提示精確的數值。

〔註30〕〈君子爲禮〉簡5＋6‧簡7A的釋文，引自張光裕「〈君子爲禮〉釋文考釋」（《上海博物館藏戰國楚竹書（五）》所收）以及劉洪濤〈談上海博物館藏戰國楚竹書〈君子爲禮〉的拼合問題〉（前註25）。

有關〈弟子問〉簡 3 的「毋有□」，尚有必要考慮其與（III）中「毋□」的表現稍有不同一點，其內容爲禁止柔弱之教與首謀，如從提出禁止條例等形式上的共同性來看，則可認爲（III）中所列舉的極有可能爲禮的實踐方法的一部分。

結　語

以上，就〈內禮〉附簡，〈季康子問於孔子〉簡 16，〈君子爲禮〉、〈弟子問〉等三個事例爲主，對出土古文獻復原中字體分析的意義進行了考察。字體分析是出土古文獻研究的基礎，特別是在探討斷片形式的殘簡分篇之際，是一種有效性較強的研究方法。通過本章的考察可知，在《上海博物館藏戰國楚竹書》分篇的妥當性，闡明仍處保留狀態的殘簡分篇，以及在驗證新提出的拼合、編聯等諸點上，字體分析也能夠具體提示出重要的證據。

2006 年 9 月 6 日於上海博物館向濮茅左氏直接請教時得知，當初計劃共出版六冊的《上海博物館藏戰國楚竹書》還計劃要進一步增加冊數（總冊數未定），最終一冊將全用於收錄殘簡。希望能通過對殘簡精緻的字體分析，在冊書復原上取得進一步的發展。

〔附記〕

本章的第一節，第二節，是基於拙稿〈上博四〈內禮〉附簡、上博五〈季康子問於孔子〉第十六簡的歸屬問題〉（武漢大學簡帛研究中心「簡帛」網，2006 年 3 月 7 日）而成。

〔別表Ⅰ〕數字爲竹簡編號，附有＊的數字表示表中所舉圖版的竹簡。另外，一字有兩個字體時，上面所舉字體爲Ａ，下面所舉字體爲Ｂ，以示區別。

	第一欄〈內禮〉	第二欄〈昔者君老〉	第三欄〈內禮〉附簡	第四欄〈季康子問於孔子〉
亡	6*	4*	／	10*
母（毋）	a……6*、7、8、9 b……6*	1*	／	a……7*、11、19、22 b……17*
而	a……6* b……6*、7	無	／	4、12、13、15、17、18、19*、23
敬	無	4*	／	3*
則	6、10*	無	／	a……4、8、12*、20 b……9*、10、13、18、20
民	10*	無	／	a……3*、21 b……4、9*、11、15、18、19、23
豐	1*	無	／	17*
中	7*	無	／	a……3*／b……4、9*

〔別表Ⅱ〕數字爲竹簡編號，附有＊的數字表示表中所舉圖版的竹簡。另外，一字有兩個字體時，上面所舉字體爲Ａ，下面所舉字體爲Ｂ，以示區別。

	第一欄〈內禮〉	第二欄〈昔者君老〉	第三欄〈季康子問於孔子〉簡16	第四欄〈季康子問於孔子〉
敬	無	4*	／	3*
也	6*、10	無	／	a……10、18* b……6、7*、8、11
豐	1*	無	／	17*

〔別表Ⅲ〕

〈君子爲禮〉

	也	子	不	竹簡（殘存契口）
簡 1	1	3	2	完簡（第一、第二、第三）
簡 2	3	0	4	上端平齊，下端殘（第一、第二、第三）
簡 3	2	3	2	完簡（第一、第二、第三）
簡 4	1	1	0	上端殘，下端平齊（第三）
簡 5	0	0	0	上端平齊，下端殘（第一）
簡 6	0	0	0	上端殘，下端平齊（第二、第三）
簡 7	0	0	0	上下端皆殘（第一、第二）
簡 8	0	0	0	上下端皆殘（不明）
簡 9	3	0	0	上端平齊，下端殘（第一、第二、第三）
簡 10	0	0	0	上下端皆殘（第一？）
簡 11	0	6	0	上端平齊，下端殘（第一、第二、第三）
簡 12	0	1	0	上端平齊，下端殘（第一）
簡 13	0	0	0	上下端皆殘（不明）
簡 14	1	0	0	上端平殘，下端平齊（第三）
簡 15	0	1	0	上下端皆殘（第一）
簡 16	0	1	0	上下端皆殘（不明）

〈弟子問〉

	也	子	不	竹簡（殘存契口）
簡 1	1	1	0	上下端皆殘（第二、第三）
簡 2	1	2	1	上端平齊，下端殘（第一）
簡 3	0	0	0	上端平齊，下端殘（第一）
簡 4	3	3	0	上端殘，下端平齊（第二、第三）
簡 5	1	2	2	上端殘，下端平齊（第二、第三）
簡 6	0	1	2	上端殘，下端平齊（第二、第三）
簡 7	0	0	0	上下端皆殘（不明）
簡 8	1	1	1	上端殘，下端平齊（第二、第三）
簡 9	2	1	0	上下端皆殘（第二）

簡 10	1	0	0	上端殘，下端平齊（第二、第三）
簡 11	1	2	0	上下端皆殘（第二）
簡 12	2	2	0	上下端皆殘（第二）
簡 13	0	2	2	上端平齊，下端殘（第一）
簡 14	0	3	0	上端殘，下端平齊（第三）
簡 15	0	0	1	上端殘，下端平齊（第三）
簡 16	0	1	0	上下端皆殘（第一或第二）
簡 17	0	1	0	上下端皆殘（第一）
簡 18	0	0	1	上下端皆殘（第二或第三）
簡 19	2	3	0	上端平齊，下端殘（第一）
簡 20	0	1	0	上下端皆殘（第二）
簡 21	0	0	0	上端平齊，下端殘（不明）
簡 22	1	1	1	上端殘，下端平齊（不明）（注1）
簡 23	0	1	1	上下端皆殘（不明）
簡 24	1	0	0	上端殘，下端平正齊（不明）
附簡	1	0	1	上端殘，下端平齊（不明）（注2）

（注1）〈弟子問〉簡22，爲上端殘缺，下端平齊。但竹簡的纖維發生分解，殘存
狀態不佳，根據圖版來明確把握契口位置十分困難。

（注2）〈弟子問〉附簡的文字墨薄而不鮮明，簡中所見「也」字以及「不」字均
與〈弟子問〉的字體一致，屬於〈弟子問〉的可能性較大。

〔別表Ⅳ〕數字爲竹簡編號，附有＊的數字表示表中所舉圖版的竹
簡。

	第一欄 〈君子爲禮〉	第二欄 〈弟子問〉簡3	第三欄 〈弟子問〉
毋	2、5、6、7＊	／	7、8＊
子（偏旁）	無	／	1、2＊（季）
又	無	／	13、14＊、20
植	無	／	20＊

第五章　上博楚簡札記

第一節　〈孔子見季桓子〉簡 1 的釋讀與綴合

　　對於《上博（六）》中收錄的〈孔子見季桓子〉篇，在濮茅左氏釋文的基礎上，已有陳偉氏、何有祖氏、李銳氏等眾多先學進行了探討。但因此篇均為殘簡，故未完全把握之處尚為數不少。本篇中，將對被視為全篇開頭的簡 1 的釋讀與綴合問題，略述若干鄙見。

　　首先，將指出簡 1 與簡 3 綴合的李銳氏的釋文〔註1〕引用如下：

　　　孔子見季桓子，斯問之：曷□者是并（？），【簡 1】斯忠₌（中心）

　　　樂之？夫子曰：上不睪（親）仁而附𣪠（賢），問其治於佚人乎？夫

　　　士，品物【簡 3】

在簡 1 與簡 3 的綴合上，首先的疑點，便是其簡長問題。據「釋文考釋」，從殘存簡的分析可推定完簡的簡長約 54.6 釐米，簡 1 與簡 3 合計 54.5 釐米基本與完簡等長。但問題是，簡 1 末尾有殘缺，即在「并（？）」字之後，應另有一字存在。簡長的問題，因簡不同也會略有差異，但若把簡 1 末尾殘缺字下半部與字間空白處的長度相加，則簡 1 與簡 3 綴合後的簡長超過 55 釐米，所以兩者的綴合難以成立。此外，因簡 1 竹簡保存狀態不佳、文字模糊，且存在有未釋字，故釋讀尚有探討的餘地。

　　在此，重新對簡 1 中的未釋字仔細觀察，並與其他諸簡的文字進行比較。首先從「曷□者」中未釋字下部「又」的形體及其上部的痕跡判斷，極有可

〔註1〕李銳〈〈孔子見季桓子〉新編（稿）〉（武漢大學簡帛研究中心「簡帛」網，2007年 7 月 11 日）。

能與簡 3 中「臤」〔註2〕爲同一字。而且簡末的殘缺字上，留有如「自」的痕跡，也極有可能與簡 34 中的「𣃟」爲同一字。據以上推定，可對簡 1 進行如下釋讀：

孔子見季桓子。斯〔註3〕問〔註4〕之：曷〔註5〕臤（賢）者是能〔註6〕
𣃟（親）【簡 1】

據此釋文，再次對竹簡的形制、構文、內容進行分析發現，簡 1 的下接簡，可爲以下所示的簡 4（簡長 33 釐米）。

仁=（仁，仁〔註7〕）者是〔註8〕能行聖人之道。女（吾〔註9〕）子𣃟
（親〔註10〕）仁，行聖人之道，則斯〔註11〕【簡 4】

此外，簡 1 末尾的竹簡縱向裂紋處位置，與簡 4 上部的裂紋處位置吻合，從斷裂處竹簡損傷的類似性一點，也可傍證兩者綴合的妥當性。

據以上分析的結果，〈孔子見季桓子〉的頭簡可復原如下：

孔子見季桓子。斯問之：曷賢者是能親【簡 1】仁，仁者是能行聖
人之道。吾子親仁，行聖人之道，則斯【簡 4】

本應提出全部殘存簡的綴合、編聯案，但因尚未得出完整方案，故先對作爲解讀起點的簡 1 的釋讀與綴合提出一點鄙見，懇請大方之家賜教。

〔附記〕

本稿，爲在武漢大學簡帛中心「簡帛」網（2007 年 8 月 6 日）發表的「〈孔

〔註 2〕 從陳偉〈讀《上博六》條記之二〉（武漢大學簡帛研究中心「簡帛」網，2007
年 7 月 10 日）。

〔註 3〕 從陳偉〈讀《上博六》條記〉（武漢大學簡帛研究中心「簡帛」網，2007 年 7
月 9 日）。

〔註 4〕 從李銳〈《孔子見季桓子》新編（稿）〉（前註 1）。

〔註 5〕 從李銳〈《孔子見季桓子》新編（稿）〉（前註 1）。

〔註 6〕 從何有祖〈讀《上博六》札記〉（武漢大學簡帛研究中心「簡帛」網，2007
年 7 月 9 日）。

〔註 7〕 從陳偉〈讀《上博六》條記〉（前註 3）。

〔註 8〕 從陳偉〈讀《上博六》條記〉（前註 3）、何有祖《讀《上博六》札記》（前註
6）。

〔註 9〕 濮茅左「釋文考釋」釋作「女（如）」，但從與後文「子」的關係釋作「女（吾）」，
爲人稱代詞「吾子」。

〔註 10〕 從陳偉〈讀《上博六》條記〉（前註 3）。

〔註 11〕 從陳偉〈讀《上博六》條記〉（前註 3）。

子見季桓子〉1 號簡的釋讀與綴合」。因在網上發表，所以僅就結論進行了簡潔論述。以下，將基於《上博（六）》的「說明」部分，將〈孔子見季桓子〉的提要補足如下：

- ・殘存簡數 27 簡，均爲殘缺簡，總字數爲 554 字（含合文 6）。
- ・殘存最長簡爲 53 釐米的簡 15（「說明」中稱最長爲 50.2 釐米的 5 號簡，但據釋文中所附數據得知，最長爲簡 15），殘存最短簡爲 9.5 釐米的簡 23。
- ・從殘存簡推測完簡簡長爲約 54.6 釐米，兩端平齊，三道編繩（頂端～第一契口：1.1 釐米，第一契口～第二契口：約 25.5 釐米，第二契口～第三契口：約 26.5 釐米，第三契口～尾端：1.5 釐米）
- ・不見篇題，篇名「孔子見季桓子」爲據簡 1 首句的擬稱。

據此，將完簡以及本稿中提出的簡 1 與簡 4 的綴合情況圖示如下：

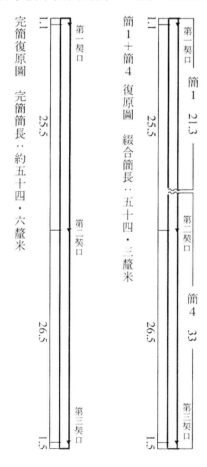

本稿發表後，李銳氏又對〈〈孔子見季桓子〉新編（稿）〉（「簡帛」網 2007年 7 月 11 日，以下略記爲〈新編〉）加以修正發表了〈〈孔子見季桓子〉重編〉（「簡帛」網 2007 年 8 月 22 日，以下略記爲〈重編〉）。爲明示修正點，現將兩者的排列案引用如下：

○〈新編〉

1+3、24+4、20+6、10，8，9，2+7、5、16+22、19+12、11+17、13、26+14、25、15、21，剩餘 18、23、27 諸簡則有待研究。

○〈重編〉

1、3、24、6、10、8，2+7、5、23、4、20、9、16+22、19+12、11+17、13、26+14、25、15、21，18，27。

李銳氏在「重編」中對於筆者的修正案，認爲簡 1 的未釋字「𢘅」、「能」、「皋」的釋讀尚有問題，簡 1 與簡 4 的綴合有一定的可能性，但從全篇的文意考慮，難以接受筆者的見解。

如上所述〈孔子見季桓子〉27 簡均爲殘缺簡，竹簡的缺損、缺失情況極爲嚴重，隨處存在墨蹟不清無法判讀的文字及未釋字。在此狀況下，謹對迅速進行了全簡的釋讀與綴合及編聯的李銳氏深表敬意，如前注所示，本論從李氏的釋讀之處甚多。然而同時對包含大量缺損的殘簡進行綴合與編聯，則難免會混入一些主觀的解釋。例如就當前的簡 1 的問題來看，李氏並未對未釋字提出代案，而且在〈重編〉中因簡 1 的下半部與下接 3 號簡的上半部缺失，作爲全篇起點的季桓子最初的發問內容幾乎難以把握。此類缺失在其他的綴合及編聯中也隨處散見，李銳氏作爲反論根據的全篇的文意，究竟可爲何種程度上的客觀標準還甚爲可疑，因此難以看作是對筆者修正案積極的反證。

關於〈孔子見季桓子〉，尚有必要從全體的觀點上重新起稿詳論，在此首先就李銳氏認爲存在問題的簡 1 未釋字「𢘅」、「能」、「皋」三字，據筆者的推斷，試舉出復原圖加以若干補充說明。

在復原圖的 A 中，將「原簡」與推斷字的「復原」一併列出進行對比，B「參考」中，爲比較形體與字長舉出別處的該字。另外還需事先聲明的是，「復原」的字形，完全是爲示意其基本形體而根據 B 粗描所成，所以會與實際的點劃存在相異之處、墨線的肥瘦也有顯著不同。

復原圖

① 「𣃙」（簡1 第10字）　　　　② 「能」（簡1 第13字〈接合龜裂部分〉）

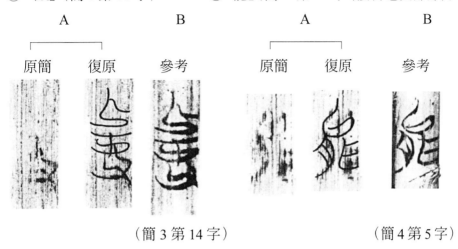

（簡3 第14字）　　　　　　　　　　　　　　　（簡4 第5字）

③ 「皋」（簡1 末端殘缺字〈接合龜裂部分〉＋簡4 上端殘缺字）

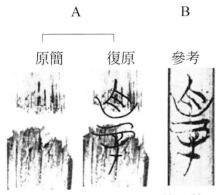

（簡4 第13字）

○簡1爲〈孔子見季桓子〉中文字最爲模糊不清的殘簡，竹片的纖維鬆散表面著墨脫落，並散見有不留墨線痕跡之處。因此在推定文字時，除殘存痕跡外，還有必要綜合考慮與字長及上下字間的關係。例如①，末尾殘存的筆劃與B「𣃙」末尾的筆劃之間具有顯著的類似性，對幾乎不留筆劃痕跡的上半部，綜合字長以及上下的字間等方面，也可看出一定的吻合。

○在簡1中，流墨沿竹片的纖維發生浸透，所以散見有與實際點劃相異的縱向墨線。例如「能」的上部「厶」的中心部位所見的縱向墨線也可認爲是通過纖維發生的滲透。

○簡 1 下端的殘缺字，因位於竹簡的斷裂部位，對實際的點劃的認定極為困難，但可以發現其下端痕跡與簡 4 上端③「皇」字末尾「辛」的一部分相對應。而且如前〔簡 1＋簡 4 復原圖〕所示，與完簡的簡長比較可知接合部分缺失約 0.3 釐米左右，這也與「皇」的字長吻合。

〔追記〕

關於〈孔子見季桓子〉的釋讀與綴合的研究，其後經諸家探討，最終集大成於陳劍《〈上博（六）‧孔子見季桓子〉重編新釋〉（復旦大學出土文獻與古文字研究中心網站，2008 年 3 月 22 日，同研究中心編《出土文獻與古文字研究》第二輯，復旦大學出版社，2008 年 8 月，頁 160～187 再收錄）。對筆者的觀點陳氏表示支持簡 1＋簡 4 的綴合案，並對一部分釋讀提出中肯的修正案。

第二節　〈平王問鄭壽〉簡 6 與〈平王與王子木〉簡 1 編聯的實證

《上博（六）》收錄的〈莊王既成 申公臣靈王〉、〈平王問鄭壽〉與〈平王與王子木〉有一個共同點，即均為關於楚王的故事。首先根據陳佩芬「釋文考釋」（原釋）的排序，將各篇的構成圖示如下〔圖 1〕：

〔圖 1〕〈莊王既成 申公臣靈王〉的構成（以下的數字表示竹簡的編號）

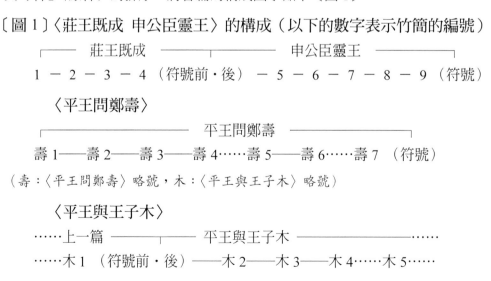

　　┌──── 莊王既成 ────┬──── 申公臣靈王 ────┐
　　1 － 2 － 3 － 4 （符號前‧後）－ 5 － 6 － 7 － 8 － 9 （符號）

　　　〈平王問鄭壽〉

　　┌──────── 平王問鄭壽 ────────┐
　壽 1──壽 2──壽 3──壽 4……壽 5──壽 6……壽 7 （符號）

（壽：〈平王問鄭壽〉略號，木：〈平王與王子木〉略號）

　　　〈平王與王子木〉

　……上一篇 ────┬──── 平王與王子木 ──────┐……
　……木 1 （符號前‧後）──── 木 2──木 3──木 4……木 5……

〈莊王既成　申公臣靈王〉中，簡 1 到簡 4 的上段書寫〈莊王既成〉章，在簡 4〈莊王既成〉章文本末尾處標有符號（墨鉤）。符號（墨鉤）之後約有一字空白，接著從簡 4 的下段到簡 9 書寫〈申公臣靈王〉章，簡 9〈申公臣靈王〉章文本末尾同樣標注符號（墨鉤）。但與前者相異，符號後並無文字爲白簡。此外，在簡 1 背面中央寫有「莊王既成」四字。可知該文獻爲二章一組文獻，在此取首章開頭四字用做篇題。該原釋的排序並未引起異議，從內容、形式上均被認爲是妥當的復原〔註12〕。

而關於〈平王問鄭壽〉與〈平王與王子木〉，則引發了複數的修正案。如凡國棟氏的〈《上博（六）》楚平王逸篇初讀〉〔註13〕指出簡 5 應位於〈平王與王子木〉的簡 1 和簡 2 之間的觀點就是一個比較妥當的觀點。另外，在〈平王問鄭壽〉與〈平王與王子木〉兩篇的改編方案中引人注目的是，沈培氏的〈《上博（六）》中〈平王問鄭壽〉和〈平王與王子木〉應是連續抄寫的兩篇〉〔註14〕。沈培氏指出〈平王問鄭壽〉簡 6 與〈平王與王子木〉簡 1 的編聯，認爲兩者爲連寫的一組文獻。如此，在原釋中被認爲是分別有缺失的兩篇〈平王問鄭壽〉與〈平王與王子木〉，就如同〈莊王既成　申公臣靈王〉，爲由符號進行區分的二章一組的文獻。

以下就從字體方面，對沈氏該觀點的妥當性進行驗證〔註15〕。首先作爲其前提，先來看〈平王問鄭壽〉簡 6 末尾字的釋讀問題。原釋中對該字釋讀爲「弟」，而何有祖氏在〈讀《上博六》札記〉〔註16〕指出應把該字改爲「弗」。沈氏的編聯說從何的改釋，認爲在以「智（符號）競坪王命王子木」開始的〈平王與王子木〉簡 1 之前，接續以「……答曰臣弗」爲結尾的〈平王問鄭壽〉的簡 6，在結束〈平王問鄭壽〉最後部分的對話中，鄭壽給平王的回答爲「臣弗智（知）」。

〔註12〕李學勤〈讀上博簡〈莊王既成〉兩章筆記〉（Confucius2000 網，2007 年 7 月 16 日）參看。

〔註13〕凡國棟〈《上博（六）》楚平王逸篇初讀〉（武漢大學簡帛研究中心「簡帛」網，2007 年 7 月 9 日）。

〔註14〕沈培〈《上博（六）》中〈平王問鄭壽〉和〈平王與王子木〉應是連續抄寫的兩篇〉（武漢大學簡帛研究中心「簡帛」網，2007 年 7 月 12 日）。

〔註15〕有關〈莊王既成・申公臣靈王〉、〈平王問鄭壽〉以及〈平王與王子木〉全簡的字體分析，參看拙稿〈別筆和篇題──《上博（六）》所收楚王故事四章的編成──〉（武漢大學簡帛研究中心「簡帛」網，2008 年 11 月 15 日）。

〔註16〕何有祖〈讀《上博六》札記〉（武漢大學簡帛研究中心「簡帛」網，2007 年 7 月 9 日）

在〈平王問鄭壽〉以及被認為同筆的〈莊王既成 申公臣靈王〉中，由於並無「弗」字用例，無法直接進行字形上的比較，但可參考〈莊王既成〉中「四」字的字形。比較兩者可知，〈平王問鄭壽〉的簡 6 末尾字左側的上下處掠法（左撇）上端（箭號 a）及下端（箭號 b）殘存墨痕〔圖 2〕。由於淺淡的墨線與污漬極難判別，所以要把握詳細字形還存在難點，但至少還存在掠法痕跡，所以判斷為「弗」字應無疑問。

〔圖 2〕〈平王問鄭壽〉簡 6 末尾字的掠法的痕跡

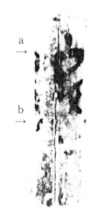 

〈平王問鄭壽〉簡 6 的末尾字　　　　〈莊王既成〉簡 3 的「四」字

其次再來驗證〈平王問鄭壽〉簡 6 與〈平王與王子木〉簡 1 的編聯說。對〈平王與王子木〉簡 1 再次詳細分析後可以發現，〈平王與王子木〉簡 1 開頭的「智」的字體與〈平王與王子木〉的其他字體有所不同。為具體表明此點，在此，將「智」字以及與之在字形上類似的「壽」和「禱」的用例按篇加以對比〔圖 3〕。

先來看各用例中以共同底部「曰」為中心的橫劃的方向字的結構。首先，在被認為同筆的〈莊王既成 申公臣靈王〉與〈平王問鄭壽〉中，〈莊王既成 申公臣靈王〉簡 6 的「智」字及〈平王問鄭壽〉簡 3 的「壽」字，橫劃的位置全部都是向右抬升，同時字的整體結構也呈向右抬升的特徵。對此，別筆（字體 B）的〈平王與王子木〉中，除簡 1 開頭「智」字以外的簡 4「智」與簡 5「禱」字的橫劃位置均向右下沈或者保持水準，同時，字的整體結構也呈大半向右下沈的特徵。不過，正如〔圖 3〕上部所示，〈平王與王子木〉簡 1 開頭「智」字明顯具有向右抬升的結構，與字體 A 的特徵一致。即〈平王與王子木〉中僅有簡 1 開頭「智」字屬於字體 A，第二字以後「競坪王……」均屬字體 B。

〔圖3〕〈平王與王子木〉簡1開頭「智」字的字體比較

〈平王與王子木〉
簡1「智」

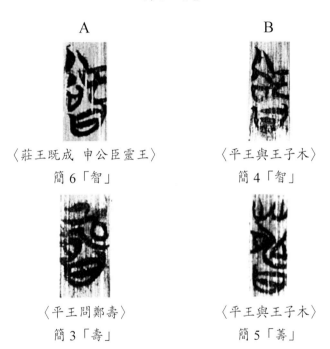

A　　　　　　　　　　　　　　　　B

〈莊王既成　申公臣靈王〉　　　　　〈平王與王子木〉
簡6「智」　　　　　　　　　　　　簡4「智」

〈平王問鄭壽〉　　　　　　　　　　〈平王與王子木〉
簡3「壽」　　　　　　　　　　　　簡5「壽」

　　通過以上分析，判明了〈平王與王子木〉（除簡7外）僅有簡1開頭「智」字為字體A的抄手所書，而其餘均由字體B的抄手書寫。如此狀況產生的原因可以認為是，由於〈平王與王子木〉簡1開頭「智」字是位於其前方的〈平王問鄭壽〉的尾字，所以〈平王問鄭壽〉的抄手（字體A）繼續書寫，而〈平王與王子木〉簡1第二字以後則交替於其他抄手（字體B）進行書寫，因書寫內容改變抄手也進行了更換。

　　從字體分析獲知的如此書寫狀況，可以說是對沈培氏關於〈平王問鄭壽〉與〈平王與王子木〉是連寫的一組文獻觀點的有力佐證。

〔附記〕

筆者在舊稿〈別筆和篇題——《上博（六）》所收楚王故事四章的編成〉（武漢大學簡帛研究中心「簡帛」網，2008 年 11 月 15 日）中，以〈平王問鄭壽〉簡 7 與〈莊王既成 申公臣靈王〉簡 1 背面篇題字體的類此性爲根據，對〈平王與王子木〉簡 4 之後接續〈平王問鄭壽〉簡 7 的何有祖氏的觀點（〈〈平王問鄭壽〉末簡歸屬問題探論〉〈武漢大學簡帛研究中心「簡帛」網，2007 年 7 月 13 日〉）表示了支持。但其後刊行的《上海博物館藏戰國楚竹書（八）》（上海古籍出版社，2011 年）中所收〈志書乃言〉末尾簡 8 乃是〈平王與王子木〉末尾簡之事實已由沈培〈《上博（六）》和《上博（八）》竹簡相互編聯之一例〉（復旦大學出土文獻與古文字研究中心網站，2011 年 7 月 16 日）得以證實，大西克也「上博楚簡〈平王問鄭壽〉譯注」（《出土文獻與秦楚文化》第 6 號，124 頁，2012 年 4 月）也從語法方面指出〈平王與王子木〉簡 4 與〈平王問鄭壽〉簡 7 的接續無法成立。

因此借此次收錄舊稿之機，對沈培氏的觀點表示贊同，並撤回〈平王與王子木〉簡 4 與〈平王問鄭壽〉簡 7 相接續的前說。修正後的排列圖則如下所示。

```
      ┌──── 平王問鄭壽 ────┐     ┌──── 平王與王子木 ────┐
  壽 1—壽 2—壽 3—壽 4—壽 5—壽 6—木 1 (符號前·後)—木 5—木 2—木 3—木 4—志 8(符號)
```

（壽：〈平王問鄭壽〉略號，木：〈平王與王子木〉略號，志：〈志書乃言〉略號）

但在舊稿中，通過字體分析，對沈培氏提出的〈平王問鄭壽〉簡 6 與〈平王與王子木〉簡 1 的接續進行實證的部分，因在現階段仍有若干意義，所以此次特將該部分以「〈平王問鄭壽〉簡 6 與〈平王與王子木〉簡 1 編聯的實證」爲題獨立出來，作爲了本章的第二節。

第三節〈武王踐阼〉簡6、簡8簡首缺字說

　　上博楚簡〈武王踐阼〉（以下稱楚簡本），爲《上博（七）》中收錄的竹書。關於本篇的內容以及竹簡的形制，整理者陳佩芬氏論述如下：〔註17〕

　　　　本篇原無篇題，據其內容武王問於師尚父，師尚父告之以丹書，武王鑄銘器以自戒之事情，與《大戴禮記・武王踐阼》篇相和，故名。

　　　　本篇存十五簡，竹簡設上、中、下三道編繩，契口淺斜，位於竹簡右側。簡長41.6至43.7釐米不等，各簡自上契口以上皆殘，中契口距頂端爲18.1至20.3釐米，中契口與下契口間距爲20.4至21.3釐米，下契口至尾端爲2.5至2.7釐米。各簡字數28字至38字不等，總存491字，其中重文8字，單面書寫，皆書於竹黃，字體工整，字距稍寬。篇末有墨鉤，以示本文結束。

　　殘存十五簡上端部分缺失，無完簡（參看〔圖1〕）。需注意的一點是，正如劉洪濤氏〔註18〕指出的，與上博楚簡〈民之父母〉（殘存十四簡）〔註19〕之間字體、形制等兩方面皆具有緊密的共同性，兩者本爲同卷。與〈武王踐阼〉相同，〈民之父母〉也爲竹簡上端部分缺失，此點成爲了將兩者看作同卷的有力證據之一，不過所幸〈民之父母〉尚殘存一簡完簡（簡5，參看〔圖2〕），就成爲了把握各簡殘存簡長與殘存字關係上一個基準。

　　分析殘存簡長與簡首的殘缺字之間的關係可知，殘存簡長若爲43.5釐米以上，簡首第一字殘存狀況尚可確認，而殘存簡長43釐米以下時，就會發生簡首第一字缺損或缺失（參看末尾〔別表〕〔註20〕）。因此，對於〈武王踐阼〉殘存十五簡中簡長43釐米以下的，被認爲簡首無缺字的簡6（42.3釐米）以

〔註17〕馬承源主編《上博楚竹書（七）》頁149（上海古籍出版社，2008年）。

〔註18〕劉洪濤〈〈民之父母〉、〈武王踐阼〉合編一卷說〉（復旦大學出土文獻與古文字研究中心網站，2009年1月5日）。

〔註19〕馬承源主編《上海博物館藏戰國楚竹書（二）》（上海古籍出版社，2002年）所收。〈釋文考釋〉由濮茅左氏負責撰寫。

〔註20〕馬承源主編《上海博物館藏戰國楚竹書（七）》頁162中，記述簡11的簡長爲42.8釐米，但從同書頁3竹簡整體的彩版可看出，簡11要比42.9釐米的簡12簡長出很多，可知簡長記載有誤。另外根據基本爲原尺寸大小的〈釋文考釋〉的圖版測量可知，簡長爲43.8釐米，因此〈42.8釐米〉的記載或爲〈43.8釐米〉之誤。總之根據以上諸點，簡11簡長爲43.5釐米以上的可能性很高，且上端的〈武〉字爲簡首第一字，可認爲並不存在殘缺字。

及簡 8（41.6 釐米）的釋讀，便有了重新考證的餘地。

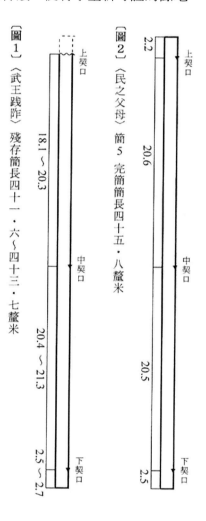

【圖 2】〈民之父母〉簡 5　完簡簡長四十五・八釐米

【圖 1】〈武王踐阼〉殘存簡長四十一・六～四十三・七釐米

以下，就將據私見補入缺字的楚簡本文本與《大戴禮記・武王踐阼》篇（以下稱傳世本）文本相對照，逐次加以分析。

①簡 6 簡首的缺字

　・……武王聞之恐懼，爲【簡 5】〔書〕，銘於席之四端，……【簡 6】
　　（楚簡本）

　・……王聞書之言，惕若恐懼，退而爲戒書。於席之四端爲銘焉，……
　　（傳世本）〔註 21〕

〔註 21〕王聘珍《大戴禮記解詁》頁 104～105（中華書局，1983 年）。

　　在傳世本中，從師尙父處聽聞丹書之言而萬分恐懼的武王，退而作戒書，並爲銘于席之四端。但楚簡本原釋「武王聞之恐懼。爲銘於席之四端」〔註22〕中，卻只有爲銘而並無作戒書的記述。從與傳世本的對應關係上來看，簡6簡首存在「書」字的可能性較高，楚簡本的記述基本上也應與傳世本相同。

　　②簡8簡首的缺字

　　　　・……鑒銘曰：見其前，必慮其後。【簡7】〔盥（？）〕盤（？）銘曰：與其溺於人，寧溺於淵，……【簡8】（楚簡本）

　　　　・……鑑之銘曰：見爾前，慮爾後。盥盤之銘曰：與其溺於人也，寧溺於淵。……（傳世本）〔註23〕

　　從簡7末尾「見其前，必慮其後」的「其前」與「其後」間的對應來看，「鑒銘」的內容可認爲是以「後」字結束。另一方面，根據各銘文的並列關係來看，「後」字之後存在接續詞的可能性極低。根據以上兩點，簡8簡首的缺字毫無疑問應爲由兩字組成的器物名稱的第一個字。

　　有關簡8開頭的器物名稱第二個字的釋讀，原釋中釋爲「從金從盤（讀爲「盤」）」〔註24〕，復旦大學出土文獻與古文字研究中心研究生讀書會釋爲「從金從盈（讀爲「盥」）」〔註25〕，何有祖氏則釋爲「從金從安從皿（讀爲「盥」）」〔註26〕。雖然何氏在字形和音韻兩方面的見解十分出色，但若如此則楚簡本與傳世本的文本相異，雖對第一字得以提出多字候補，但卻難以導出最終結論。而且，在何氏的解釋「從金從安從皿」中，相當於聲符的「安」字字形稍顯不太自然，假設該字可解釋爲「從金從盤（讀爲「盤」）」的譌體，根據其與傳世本的一致性，缺失的第一個字應設爲「盥」才比較穩妥。有關此點，今後還需進一步愼重考察。

〔註22〕馬承源主編《上海博物館藏戰國楚竹書（七）》頁156（前註17）。

〔註23〕王聘珍《大戴禮記解詁》頁105（前註21）。

〔註24〕馬承源主編《上海博物館藏戰國楚竹書（七）》頁158（前註17）。

〔註25〕復旦大學出土文獻與古文字研究中心研究生讀書會（劉嬌執筆）《上博七・武王踐阼》校讀》（復旦大學出土文獻與古文字研究中心網站，2008年12月30日）。

〔註26〕何有祖〈上博七〈武王踐阼〉「盥」字補釋〉（武漢大學簡帛研究中心「簡帛」網，2009年1月2日）。

〔別表〕上博楚簡〈武王踐阼〉、〈民之父母〉的簡長與簡首殘缺字的關係上博楚簡〈武王踐阼〉

編　號	簡長（cm）	簡首殘缺字
簡 1	42.3	〔武〕
簡 2	42.4	〔在〕丹
簡 3	42.6	〔曰〕
簡 4	43.7	勝（左半缺）
簡 5	42.4	〔世〕
簡 6	42.3	簡首無殘缺字
簡 7	42.9	〔所〕
簡 8	41.6	簡首無殘缺字
簡 9	42.3	〔毋〕曰
簡 10	42.4	〔忘=〕
簡 11	42.8（誤記）	簡首無殘缺字
簡 12	42.9	〔以〕
簡 13	42.8	〔公〕
簡 14	42.9	昌（上半缺）
簡 15	43	強（上半缺）

上博楚簡〈民之父母〉

編　號	簡長（cm）	簡首殘缺字
簡 1	42.5	〔子〕
簡 2	42	〔之〕父
簡 3	42.5	〔之〕
簡 4	42.3	〔所〕
簡 5	45.8（完簡）	簡首無殘缺字
簡 6	43	〔之〕
簡 7	43.5	簡首無殘缺字
簡 8	43.8	簡首無殘缺字
簡 9	23.4	〔不〕～〔服〕19 字

簡 10	23.3	〔於〕〜〔□〕21 字
簡 11	42.5	〔無〕
簡 12	42.3	〔喪〕屯
簡 13	42.3	〔志〕
簡 14	42	〔之〕

〔補記〕

本稿是基於在武漢大學簡帛研究中心「簡帛」網（2009 年 3 月 24 日）發表的拙稿《〈上博七・武王踐阼〉簡 6、簡 8 簡首缺字說》而成。因重視網絡的快速性，舊稿僅簡潔地論述了最小限度的要點，而在本稿中爲了便於理解，補加了有關形制數據的圖表。但整體論旨不變。

對於筆者的觀點，武漢大學簡帛研究中心「簡帛」網的「簡帛論壇」（2009 年 3 月 25 日）中以「海天遊蹤」的筆名發表了「〔討論〕關於武王踐阼簡 8 簡首缺字」爲題的論考。其中就簡 8 簡首二字「〔盥〕盤」的釋讀，以青銅器銘文及楚簡的用例爲主對其穩妥性進行了考察。該論文不僅對卑見予以補訂，而且在上博楚簡〈武王踐阼〉的釋讀一點上也具有十分重要的意義，現引用如下，順表謝忱。

> 剛才拜讀福田哲之先生大作，頗受啓發。對於〈武王踐阼〉簡 8 簡首缺字，福田先生認爲：「據上述內容推定，簡 8 簡首的缺字可以毫無疑問的設想爲是有兩個字組成器皿名的第一個字。……假設該字釋爲「從金從盤（盤）」的譌體，從其與傳本的整合性來看，缺失的第一個字設想爲「盥」會較爲穩妥。」按，簡 8 開頭讀爲【盥】盤有可能是對的，除了今本文獻可對照外，青銅器亦有「盥盤」的文例，如《集錄》1000 所載淅川下寺 M2：52 倗盤「倗之盥盤」，又如《集成》10099 徐王義楚盤「自作盥盤」（「盥」字參李家浩先生考釋，《古研》19 頁 91）。所以〈武王踐阼〉簡 8 簡首首字缺「盥」是可以的。至於第二字，與其認爲是字形譌變，恐怕分析爲音近讀爲「盤」更爲合理。該字可如何有祖先生分析爲從金從安從皿，顯然是從「安」得聲，元部影紐，盤，元部並紐。疊韻，聲紐看起來似遠，不過是有可能相通的。如《易・革》「君子豹變其文蔚也」，《說文・文部》斐下引「蔚」（影）作「斐」（滂），《古字通假會典》頁

599。又如《性自命出》31「鬱陶」之「鬱」(影紐物部)，馮勝君先生以爲實爲「誖」字(並紐物部)，參《郭店簡與上博簡對比研究》頁 224～225，與〈武王踐祚〉聲韻情況正同。又如臘，《說文段注》頁 215 曰讀與「霾」(影鐸)同。〈天星觀〉、〈秦家嘴〉的「紳臘(影紐鐸部)」即文獻的「申縛(並紐鐸部)」，參《楚地簡帛思想研究(二)》頁 267。亦與〈武王踐祚〉情況相同。綜合以上，則該字確有可能音近讀爲「盤」。

第六章 〈弟子問〉的文獻性質
——上博楚簡中對孔子的稱謂

第一節 〈弟子問〉分析的觀點

　　〈弟子問〉是《上博（五）》〔註1〕所收的出土古佚文獻。殘存竹簡二十四簡〔註2〕均爲殘缺簡，在殘存簡以外也存在不少缺失簡。據殘存簡的分析，可以認爲是以孔子與弟子的問答爲中心的儒家系列文獻，但並無篇題，〈弟子問〉的篇名乃是整理者根據內容設定的擬稱。

　　筆者在別稿「上博楚簡〈弟子問〉考釋」〔註3〕中，試以竹簡的拼合、編聯來進行文本的復原、各章的分章以及釋讀和考證。本章將在此基礎上就〈弟子問〉的文獻性質加以考察。本章中〈弟子問〉的引用均依據上稿的釋文。如在上稿所指出的，〈弟子問〉中章的形態以及語法、內容等的諸點與《論

〔註1〕馬承源主編《上海博物館藏戰國楚竹書（五）》（上海古籍出版社，2006 年）。

〔註2〕《上海博物館藏戰國楚竹書（五）》所收〈弟子問〉中，收錄有二十四枚竹簡以及因無法確認契口位置保留其歸屬的附簡一簡計二十五簡。其中簡 3 從字體、契口位置、文體的分析明確了當歸屬〈君子爲禮〉，另一方面，附簡通過字體的分析應爲〈弟子問〉的一部分也得到了證明（參看本書第四章「出土古文獻復原中的字體分析的意義」）。因此，本章是以除 3 外含附簡在內的計二十四簡爲考察對象。

〔註3〕〈上博楚簡「弟子問」考釋——失われた孔子言行錄〉上篇（《中國研究集刊》第 43 號，2007 年 6 月、下篇《中國研究集刊》第 45 號，2007 年 12 月）、淺野裕一編《竹簡が語る古代中國思想（二）——上博楚簡研究》第八章，頁 193～259，汲古書院，2008 年 9 月重收）。

語》之間有很多的共同性。然而在〈弟子問〉的殘存簡中，未見有與《論語》重複的語句，兩者之間很難設想具有直接的關係。作為〈弟子問〉的整體特徵，可以認為有以下三點。

　　①對孔子的稱謂

　　　　孔子在第三人稱中均稱為「子」（簡 2、簡 4 兩見、簡 5、簡 6、簡 7、簡 8、簡 9、簡 12、簡 13、簡 14、簡 16、簡 17、簡 19 兩見、簡 20、簡 22、簡 23），而不見有「孔子」、「夫子」、「仲尼」等例。而且，也無第二人稱的用例。

　　②對弟子的稱謂

　　　　弟子在第三人稱中均謂為字（「子貢」簡 1、簡 8，「顏淵」簡 17＋簡 20，「子游」簡 4，「宰我」簡 11）。第二人稱均見於孔子的話語中，均以名呼之（「偃」（子遊）簡 4，「回」（顏淵）簡 4、簡 15，「予」（宰我）簡 11，「賜」（子貢）簡 22，「由」（子路）簡 10、簡 17）。

　　③章的內容、構成

　　　　從復原後的兩章以及從殘存簡中得到的不完整內容可知，各章由孔子的言行以及孔子與弟子的問答構成，為比較簡潔的內容與構造。

　　以上均與《論語》的基本特徵一致，同時在《論語》章節中也有不同之點。例如，①的對孔子的稱謂，在《論語》中「子」占大多數，但其他還有「孔子」、「夫子」、「仲尼」等。在②的對弟子的稱謂中，《論語》中呼有若為「有子」（〈學而 2、12、13〉），曾參為「曾子」（〈學而 4、9〉、〈里仁 15〉、〈泰伯 3～7〉、〈顏淵 24〉、〈憲問 28〉、〈子張 16～18〉），冉求（有）為「冉子」（〈雍也 4〉、〈子路 14〉），閔損（子騫）為「閔子」（〈先進 13〉）〔註4〕等，可以推測該章是以有若、曾參、冉求、閔損為師的後學所作。另外就③章的內容、構成來看，《論語》中也有如子張篇的子張、子夏、子游、曾子、子貢等僅由直系弟子的言語以及問答構成的例子。就構成而言，是以簡潔的短文為主，例如，子路、曾皙、冉有、公西華應孔子的要求講述各自的抱負的〈先進〉26，另外，冉有、子路就季氏的顓臾討伐與孔子問答的〈季氏〉1 等長文也有數篇，可推測這些均經過了後學的編集和潤色。也即〈弟子問〉與《論語》之間的不同點，在大致上，與《論語》形成過程中較晚的章節的特徵一致。

　　如此，〈弟子問〉就成為在考察《論語》的成立上具有重要意義的資料，

〔註4〕皇侃本作「閔子騫」。

但由於竹簡的缺損難以充分把握各章的內容與構成，存在資料上的制約。在此需要注意的是，①中舉出的孔子的稱謂。如上所述在〈弟子問〉的殘存二十四簡中，約占百分之七十的十六簡中僅見「子」的稱謂，此外並無其他稱謂。私見以爲，這是〈弟子問〉固有的特徵，在考察文獻性質上可作爲一個重要的觀點。而且，在上博楚簡的其他儒家系文獻中也存在有同樣的資料上的制約，所以即使在與這些資料進行比較分析上，著眼於孔子的稱謂也是一個有效的方法。

第二節　《論語》中「子」的稱謂

如上所述〈弟子問〉與《論語》的基本特徵一致，在考察中先學們的《論語》研究提供了有益的參考。其中在有關對孔子稱謂的研究中值得矚目的是，木村英一氏的《孔子と論語》〔註5〕以及〈論語における孔子に對する稱呼〉〔註6〕。木村氏在《孔子と論語》中〔註7〕，將《論語》史料批判的著手點列爲七項，在其 1 至 5 中，提到對孔子稱謂的問題，有「子」稱謂的章節，是保持了孔門內部直系弟子們的語氣而傳誦下來的部分，對此具有「孔子」稱謂的章節，則大致上是基於孔門以外傳誦的有關孔子見聞的部分。其中與〈弟子問〉的關係特別值得重視的是，從 1 到 4 有關「子」稱謂的四項。雖稍顯冗長但爲方便行論，現將各項的主要部分引用如下〔註8〕。

1. 論語中以「子曰」開始的孔子的言論極多。這意味著，孔子的言論是在孔子學團的內部，皆知「子」即爲孔子的弟子們之間傳誦的。因此這種說法發生在直系弟子之間，後學也順應了這種體裁。其中有並非問答部分，而且也沒有關於孔子言論發生的特定時間及處所的說明，僅將孔子的言論以「子曰」的形式列舉出來的，大致上是作爲格言傳誦下來的名言。

2. 並非問答形式的「子曰」，與在門下生中作爲格言流傳下來的孔子的語言相並列，直系弟子們將孔子的行爲當作應當遵守的法則

〔註 5〕木村英一《孔子と論語》（創文社，1971 年）。
〔註 6〕木村英一〈論語における孔子に對する稱呼〉（《東方學》第 47 輯，1974 年）。
〔註 7〕木村英一《孔子と論語》第一章「論語の成立についての序說」，「Ｃ史料としての批判の一つの手がかり」頁 181～187（前註5）。
〔註 8〕原文爲日文。

流傳下來。例如〈鄉黨〉篇的記述，以及全書散見的同類記述，即使是一些非常細微的日用常行，也不僅限於描寫孔子的癖好或習慣，而是作爲難以忘懷的回憶先師的片鱗，同時又作爲一種內含模範精神的日常行爲的典型記載下來。當然這些記述也是基於直系弟子或親見者的觀察而產生的傳聞。

3. 以上的 1 和 2，是將孔子的言行，或與特定的歷史事實無關之事記述下來，其一面簡單記述一定的時間、場所、歷史事實，一面用「子曰」將當時的孔子的語言記錄下來。（中略）此類記述的數量較少，如果是選擇孔子事蹟中最有印象、最值得記念的事情來作爲經驗教訓流傳的話，還應該是最初來自直系弟子經驗的傳聞。

4. 在數量眾多的孔子與弟子問答的記述中，孔子大抵爲「子」，弟子則一般爲如「子夏」、「子貢」、「子張」、「顏淵」、「仲弓」等以字稱謂，因爲一般老師稱「子」，是同門同輩間的用語，此種記載材料應出自直系弟子之間交談的傳聞。想是從直系弟子處得到的這些材料，由再傳弟子們傳誦並收集整理而成。

以上各項均可認爲是在分析〈弟子問〉時有效的觀點。在下一節中，屬於各項的章節按其性質各自分爲「1・格言類」、「2・法行類」、「3・事跡類」、「4・問答類」，並在此基礎上對〈弟子問〉進行分類。

第三節　〈弟子問〉各章的分類

在分類之際需要注意的是，〈弟子問〉幾乎所有的章均有缺失。因此，以下的分類只不過是基於殘存部分來進行的，特別是「1・格言類」開頭部分等難以充分把握的章中，尚有可能含有應屬於「2・事跡類」、「4・問答類」的部分。而且簡 18、簡 23 中，因受殘存字數的制約分類比較困難，所以暫且在其末尾以〔分類保留〕來列出。

另外作爲參考，在〈弟子問〉各章之後將《論語》的類例附以○，但需預先說明的是，各個類例的語句和語法的一致，內容、形式和性質的類似等，其觀點未必統一。關於〈弟子問〉各章和《論語》的詳情，請參閱別稿〔註9〕。

〔註9〕拙稿〈上博楚簡〈弟子問〉考釋——失われた孔子言行錄〉（前註3）。

接下來，按照以上的順序進行分類，其結果如下〔註10〕。

1・格言類

【簡2＋簡1】

子曰：「延陵季子，其天民也乎。生而不因其俗。吳人生七[年]而動（墼？）散（？）文乎其膚，延陵季子矯而弗受。延陵季子，其天民也乎■。」

○子曰：「賢哉回也。一簞食，一瓢飲，在陋巷。人不堪其憂，回也不改其樂。賢哉回也。」〈雍也11〉

【簡6－簡9】

子曰：「貧賤而不約者，吾見之矣。富貴而不驕者，吾聞而〔未之見也。〕……士，吾見之矣。事而弗受者，吾聞而未之見也。」

○子曰：「已矣乎。吾未見能見其過，而內自訟者也。」〈公冶長27〉

【簡9】

子曰：「人而下臨，猶上臨也。……」

○子曰：「人而不仁，如禮何。人而不仁，如樂何。」〈八佾3〉

【附簡＋簡11】

……〔子〕曰：「巧言窒（令？）色，未可謂仁也。□者其言，參而不可……□也，此之謂仁■。」

○子曰：「巧言令色，鮮矣仁。」〈學而3〉、〈陽貨17〉

【簡12＋簡15】

……〔有夫行〕也，求爲之言。有夫言也，求爲之行。言行相近，然後君子■。」

○子曰：「質勝文則野，文勝質則史。文質彬彬，然後君子。」〈雍也18〉

【簡13】

……就人，不曲方以去人■。」

○子曰：「中人以上，可以語上也。中人以下，不可以語上也。」〈雍

〔註10〕釋文中的記號如下所示。■爲原簡所付章號，□爲殘缺字，……爲缺失字數不明，〔　〕爲推定文本。

也 21〉

【簡 13】

　■子曰：「君子亡所不足，無所有餘。□……」

　○子曰：「君子食無求飽，居無求安。敏於事而慎於言，就有道而正焉，可謂好學也已矣。」〈學而 14〉

【簡 16】

　子曰：「寡聞則固，寡見則肆。多聞則惑，多見則……」

　○子曰：「恭而無禮則勞，慎而無禮則葸。勇而無禮則亂，直而無禮則絞。……」〈泰伯 2〉

【簡 21】

　……吾未見〔……〕邦而信者，未見善事人而憂者。今之世□……」

　○子曰：「吾未見好德如好色者也。」〈子罕 18〉

【簡 23】

　■子曰：「列乎其下，不折其枝。食其實〔者，不折其枝。〕……」

　○子曰：「歲寒，然後知松柏之後彫也。」〈子罕 29〉

2・法行類

【簡 19】

　……長蘆伯玉止乎。子，惇惇如也。其聽子路往乎。子，愕愕如也。如誅□……

　○閔子騫側侍，誾誾如也。子路，行行如也。冉子、子貢，侃侃如也。子樂，曰：「若由也不得其死然。」〈先進 13〉

3・事蹟類

【簡 17＋簡 20－簡 4】

　■子過曹，顏淵馭。至老丘，有農植其櫡而歌焉。子據乎軾而……□風也，亂節而哀聲。曹之喪，其必此乎。回。」

　○子適衛。冉有僕。子曰：「庶矣哉。」冉有曰：「既庶矣。又何加焉。」曰：「富之。」曰：「既富矣。又何加焉。」曰：「教之。」〈子路 9〉

4‧問答類

【簡1】

■子貢……

○子貢欲去告朔之餼羊。子曰：「賜也，女愛其羊，我愛其禮。」〈八佾17〉

【簡4】

子嘆曰：「烏，莫我知也夫。」子游曰：「有施之謂也乎。」子曰：「偃。……」

○子曰：「莫我知也夫。」子貢曰：「何爲其莫知子也。」子曰：「不怨天，不尤人，下學而上達。知我者其天乎。」〈憲問37〉

【簡5】

……者，可奉而告也。」子曰：「小子，來取余言，登年不恆至，耇老不復壯，賢者及……」

○子曰：「小子，何莫學夫詩。詩可以興，可以觀，可以群，可以怨。邇之事父，遠之事君，多識於鳥獸草木之名。」〈陽貨9〉

【簡7＋簡8】

……子曰：「吾聞，父母之喪，食肉如飯土，飲酒如漿。信乎。」子貢曰：「莫親乎父母，死不顧生。可言乎其信也。」子……

○宰我問：「三年之喪期已久矣。……」子曰：「……女安則爲之。夫君子之居喪，食旨不甘，聞樂不樂，居處不安，故不爲也。今女安則爲之。……」〈陽貨21〉

【簡10】

……汝弗知也乎。由。夫以眾犯難，以親受祿，勞以成事，會以屬官，士鈞以力則沮，以……」

○子曰：「由，誨女知之乎。知之爲知之，不知爲不知。是知也。」〈爲政17〉

【簡11＋簡24】

■宰我問君子。〔子〕曰：「予，汝能慎始與終，斯善矣，爲君子乎。汝焉能也■。」

○子貢問君子。子曰：「先行其言，而後從之。」〈爲政 13〉

【簡 12＋簡 15】

■子曰：「回來，吾告汝。其阻絕乎。雖多聞而不友賢，其……」

○子曰：「由女聞六言六蔽矣乎。對曰，未也。居，吾語女。好仁不好學，其蔽也愚。好知不好學，其蔽也蕩。好信不好學，其蔽也賊。好直不好學，其蔽也絞。好勇不好學，其蔽也亂。好剛不好學，其蔽也狂。」〈陽貨 8〉

【簡 14】

「……從吾子，皆能有待乎。君子道朝，然則夫二三子者……」

○顏淵死。門人欲厚葬之。子曰：「不可。門人厚葬之。子曰：「回也視予猶父也。予不得視猶子也。非我也。夫二三子也。」〈先進 10〉

【簡 17】

「……弗王，善矣。夫焉能王人，由■。」

○肸胗召。子欲往。子路曰：「……子之往也如之何。」子曰：「……吾豈匏瓜也哉。焉能繫而不食。」〈陽貨 7〉

【簡 22】

……子聞之曰：「賜，不吾知也。□（夙）興夜寐，以求聞……」

○太宰問於子貢曰：「夫子聖者與。何其多能也。」子貢曰：「固天縱之將聖，又多能也。」子聞之曰：「太宰知我者乎。吾少也賤，故多能鄙事。君子多乎哉。不多也。」〈子罕 6〉

〔保留分類部分〕

【簡 18】

……者，皆可以爲諸侯相矣。東西南北，不猗□……

【簡 23】

……□□之有■。

雖因竹簡的殘缺還留有難以把握的部分，但〈弟子問〉殘存各章大致上與《論語》的四種類型相當一點，通過以上分類基本上可以明確得知。這樣〈弟子問〉殘存各章和木村氏指出的基於直系弟子在孔門內傳誦的《論語》各章之間，不止「子」的稱謂，在內容和構成等方面也可以認爲有顯著的類似性。

第四節　與上博楚簡其他儒家系列文獻的比較分析（一）

　　以下將通過與上博楚簡其他儒家系列文獻的比較分析，來明確〈弟子問〉的特色。從對孔子的稱謂這一觀點對迄今（2007 年）公佈的上博楚簡的儒家系列文獻加以整理後，其結果如下表所示。

　　○上博楚簡儒家系列文獻中對孔子的稱謂（第三人稱）〔註11〕

《上博》分冊	文　獻　名	對孔子的稱謂	內　　容
一	〈孔子詩論〉	孔子	部分引用《詩經》中有關孔子言說的詩論
一	〈紂衣〉	〔夫〕子、子	依條列舉孔子的言說，在各條的末尾附加相關的《詩經》或《書經》的引用（相當於《禮記·緇衣》篇）
二	〈民之父母〉	孔子	孔子與子夏的問答
二	〈子羔〉	孔子	孔子與子羔的問答
二	〈魯邦大旱〉	孔子	孔子與公（哀公？）以及子貢的問答
三	〈中弓〉	孔子　仲尼（《論語》對應部分）	孔子與仲弓的問答
四	〈相邦之道〉	孔子	孔子與哀公以及子貢的問答
五	〈季康子問於孔子〉	孔子	孔子與季康子的問答
五	〈君子爲禮〉	夫子（非會話文部分、弟子）　仲尼（非弟子）	孔子與顏淵的問答　子貢與行人子羽的問答
六	〈孔子見季桓子〉	孔子（僅開頭部分）　夫子	孔子與季桓子的問答

〔註11〕表中的〈孔子詩論〉、〈子羔〉、〈魯邦大旱〉三篇竹簡的字體、簡長、契口一致，另一方面，〈子羔〉簡 5 的背面有作爲篇題的「子羔」二字。按照這種狀況，三篇有可能是總稱爲「子羔」篇的同冊文獻，在此從內容上的相異將三篇分別處理。有關此點，參看拙稿〈〈子羔〉の內容と構成〉淺野裕一編《竹簡が語る古代中國思想——上博楚簡研究》第五章，頁 117～131，汲古書院，2005 年重收）。

五	〈弟子問〉	子	孔子的單獨言說（格言類） 孔子的行爲（法行類） 孔子與顏淵於曹遭遇之事（事跡類） 孔子與弟子（顏淵、子貢、宰我、子路、子遊）的問答（問答類）

　　首先來看整體的狀況，在稱謂上〈弟子問〉中僅有「子」，而其他的儒家系列文獻中「孔子」則占大多數，如〈孔子詩論〉、〈民之父母〉、〈子羔〉、〈魯邦大旱〉、〈中弓〉、〈相邦之道〉、〈季康子問於孔子〉、〈孔子見季桓子〉等八篇。並且，其中〈中弓〉中有「仲尼」〔註12〕，〈孔子見季桓子〉中還有「夫子」〔註13〕的稱謂。此外在〈紂衣〉中有「〔夫〕子」、「子」，〈君子爲禮〉中有「夫子」、「仲尼」〔註14〕等。

　　其次在內容、構造方面，有〈弟子問〉以外的儒家系列文獻如〈孔子詩論〉、〈紂衣〉以孔子言論的引用構成的篇章，以及〈民之父母〉、〈子羔〉、〈魯邦大旱〉、〈中弓〉、〈相邦之道〉、〈季康子問於孔子〉、〈君子爲禮〉、〈孔子見季桓子〉等以孔子與弟子或政治家的問答構成的篇章等，一分爲二。而且在問答方面，又多爲圍繞一個主題與特定的對手反復長篇的問答，或在前面的問答上又加入與其他弟子或人物間的問答，交錯成比較複雜的內容和構造，

〔註12〕〈中弓〉有「孔子」、「仲尼」等二種稱呼，並非兩者併用，「仲尼」的稱呼是與《論語・子路2》相對應。在人稱代詞方面也有同樣的相異，〈中弓〉與《論語・子路2》的對應部分，與其他擁有「孔子」稱呼的部分來源不同，有從「仲尼」稱呼的其他資料吸收進來的可能性較高。有關此點，參看拙稿〈上博楚簡〈中弓〉與《論語・子路》篇「仲弓爲季氏宰」章〉（福田哲之著、佐藤將之、王綉雯合譯《中國出土古文獻與戰國文字之研究》第六章，頁139～155，萬卷樓，2005年）。

〔註13〕〈孔子見季桓子〉僅在篇頭有「孔子見季桓子」，其他的殘簡中的稱呼均爲「夫子」，於同一篇中併用複數稱呼。不過，據推測本篇是孔子與季桓子圍繞仁的統治進行的一系列問答，與《論語》以及〈弟子問〉中由獨立內容複數章節構成的文獻體裁不同。或許〈孔子見季桓子〉的作者慣用「夫子」的稱呼，爲了只在篇首明示孔子而用了「孔子」的稱呼。有關〈孔子見季桓子〉簡1，參看本書第五章，第一節「〈孔子見季桓子〉簡1的釋讀與綴合」。

〔註14〕〈君子爲禮〉中用「夫子」、「仲尼」時，對於在非會話文部分與弟子子貢用「夫子」的稱呼，並非弟子的行人子羽使用「仲尼」的稱呼，孔門內的弟子與孔門外的外人之間在稱呼上區別使用，不適用於在同一篇中複數稱呼的併用例。關於該點，參看本書第四章「出土古文獻復原中的字體分析的意義」。

表達也較爲詳盡。對此〈弟子問〉如前節所示，有從孔子的言論構成的「格言類」，記錄孔子行爲的「法行類」，記錄在特定的時間和場所所發生的「事跡類」，記錄與直系弟子們問答的「問答類」等，由多種多樣的章構成，問答的內容和構造也比較簡潔。

　　以下就對上述幾點加以個別分析。首先，來看由引用孔子的言論構成的〈孔子詩論〉和〈紂衣〉。

　　〈孔子詩論〉是有關《詩經》的論說，如下所示孔子的言論被引用爲「孔子曰」的形式〔註15〕。

- 孔子曰：「吾以〈葛覃〉得氏初之詩，民性固然，見其美，必欲反，一本夫葛之見歌也，……」（簡16）

- 孔子曰：「〈苑丘〉吾善之，〈猗嗟〉吾喜之，〈鳲鳩〉吾信之，〈文王〉吾美之，〈清〔廟〕〉吾敬之，……」（簡21）

殘存簡中不見篇題，〈孔子詩論〉的篇名爲整理者的擬稱，需要注意的是，本篇不僅是由關於《詩經》的孔子言論構成，還具有編述者在展開詩論時，處處引用孔子言論的體裁。因此〈孔子詩論〉，具有將孔子的詩說作爲材料的編輯物性質，可認爲是作爲學習《詩經》的課本而編制的。

　　〈紂衣〉是相當於《禮記·緇衣》的著作，各章的開頭均冠以「子曰」，末尾以《詩經》或《書經》的引用來結尾。只是首章的「子曰」的「子」字上端竹簡缺失，因郭店楚簡〈緇衣〉的首章開頭作「夫子曰」，所以如陳佩芬「釋文考釋」所指出的〈紂衣〉首章開頭部分也爲「夫子曰」的可能性很高。因此，第二章以後的「子曰」，應爲貫徹全篇的統一形式下首章「夫子曰」的省略形式（參考以下引用〈第一章～第三章〉）〔註16〕。

- 夫子曰：好美如好緇衣，惡惡如惡巷伯，則民咸力而型不頓。《詩》云：「儀型文王，萬邦作孚。」〈第一章〉

- 子曰：有國者章好章惡，以示民厚，則民情不忒。《詩》云：「靖恭爾位，好是正直。」〈第二章〉

- 子曰：爲上可望而知也，爲下可類而志也。則君不疑其臣，臣不惑於君。《詩》云：「淑人君子，其儀不忒。《尹誥》云：「惟尹允

〔註15〕〈孔子詩論〉引用，引自李零《上博楚簡三篇校讀記》頁25、38（萬卷樓，2002年）。

〔註16〕〈紂衣〉引用自李零《上博楚簡三篇校讀記》頁89（前註15）。

及湯，咸有一德。」〈第三章〉

因此，〈紂衣〉具有將孔子的言論與《詩經》及《書經》相關連的編輯物性質，可以認爲與〈孔子詩論〉同樣，是作爲儒家的教學用書而編制的。

〈孔子詩論〉以及〈紂衣〉的作者以及成立時期尚且不明，但可以說兩者均是在一定的目的下，以孔子的言論爲材料並由後學加以編集而成，具有派生性的編輯物性質。

第五節　與上博楚簡其他儒家系列文獻的比較
　　　　分析（二）

以下從前表所舉的諸篇中，來看有「孔子」稱謂的，由孔子與弟子或政治家之間的問答構成的〈民之父母〉、〈子羔〉〔註17〕、〈魯邦大旱〉〔註18〕、〈中弓〉〔註19〕、〈相邦之道〉〔註20〕、〈季康子問於孔子〉〔註21〕、〈孔子見季桓子〉等篇。首先要言及的是比較分析的方法。〈弟子問〉因竹簡殘缺篇章的大部分只有斷片形式的內容，與其他儒家系列文獻進行充分的比較分析極爲困難。但是，如依照上述〈弟子問〉與具有「子」稱謂的《論語》諸章間具有的顯著類似性來看，可以認爲有「子」稱謂的《論語》諸章，作爲〈弟子問〉的輔助資料是有效的。因此，以下將以《論語》爲仲介，來對〈弟子問〉與其他儒家系列文獻進行比較分析。

首先就以開頭部分爲主舉出各篇「孔子」稱謂的例子〔註22〕。

〔註17〕關於〈子羔〉，參看拙稿〈〈子羔〉の內容と構成〉（前註11）。
〔註18〕關於〈魯邦大旱〉，參看淺野裕一〈〈魯邦大旱〉的「刑德」〉（《戰國楚簡研究》第七章，頁129～145，萬卷樓，2004年），淺野裕一〈〈魯邦大旱〉的「名」〉（淺野裕一著、佐藤將之監譯《戰國楚簡研究》第六章，頁113～128，萬卷樓，2004年）。
〔註19〕關於〈中弓〉，參看拙稿〈上博楚簡〈中弓〉與《論語・子路》篇「仲弓爲季氏宰」章〉（前註12）。
〔註20〕關於〈相邦之道〉，參看淺野裕一〈〈相邦之道〉的整體結構〉（淺野裕一著、佐藤將之監譯《上博楚簡與先秦思想》第一章，頁1～14，萬卷樓，2008年）。
〔註21〕關於〈季康子問於孔子〉，參看拙稿〈上博五〈季康子問於孔子〉的編聯與結構〉（丁四新主編《楚地簡帛思想研究（三）》頁53～69，湖北教育出版社，2007年）。
〔註22〕各釋文則基於以下文獻。
　　　・〈民之父母〉……濮茅左「釋文考釋」（《上海博物館藏戰國楚竹書（二）》頁154，上海古籍出版社，2002年）。

A〈民之父母〉簡 1

　　〔子〕夏問於孔子：「《詩》曰：『凱弟君子，民之父母。』敢問，何如而可謂民之父母。」孔子答曰：「民……」

B〈子羔〉簡 9

　　子羔問於孔子曰：「參王者之作也，皆人子也。而其父賤而不足偁也與。啟亦成天子也與。」孔子曰：「善，爾問之舊矣。其莫……」

C〈魯邦大旱〉簡 1

　　魯邦大旱。哀公謂孔子：「子不爲我圖之。」孔子答曰：「邦大旱，毋乃失諸刑與德乎。唯……」

D〈中弓〉簡 1＋簡 4＋簡 26

　　季桓子使仲弓爲宰。仲弓以告孔子曰：「季氏……使雍也從於宰夫之後。雍也童愚恐貽吾子羞。願因吾子而治。孔子曰：「雍，汝……」

E〈相邦之道〉簡 4

　　……者。孔子退，告子貢曰：「吾見於君，不問有邦之道，而問相邦之道。不亦欽乎。子貢曰：「吾子之答也何如。」孔子曰：「汝訊。」

F〈季康子問於孔子〉簡 1＋簡 2

　　季康子問於孔子曰：「肥，從有司之後，一不知民務之焉在，唯子之貽羞。請問，君子之從事者於民之〔上，君子之大務何。」孔子曰：「仁之以〕德，此君子之大務也。……」

G〈孔子見季桓子〉簡 1＋簡 4

　　孔子見季桓子。「斯問之。曷賢者是能親仁，仁者是能行聖人之道。吾子親仁，行聖人之道，則斯……」

・〈子羔〉……馬承源「釋文考釋」（《上海博物館藏戰國楚竹書（二）》頁 192～193，上海古籍出版社，2002 年）。

・〈魯邦大旱〉……馬承源「釋文考釋」（《上海博物館藏戰國楚竹書（二）》頁 204，上海古籍出版社，2002 年）。

・〈中弓〉……拙稿〈上博楚簡〈中弓〉與《論語・子路》篇「仲弓爲季氏宰」章〉（前註 12）。

・〈相邦之道〉……淺野裕一〈〈相邦之道〉的整體結構〉（前註 20）。

・〈季康子問於孔子〉……拙稿〈上博五〈季康子問於孔子〉的編聯與結構〉（前註 21）。

・〈孔子見季桓子〉……拙稿〈〈孔子見季桓子〉簡 1 的釋讀與綴合〉（前註 13）。

以上有「孔子」稱謂的諸篇與具有「子」稱謂的《論語》諸章以及〈弟
子問〉相比具有更爲複雜的構成和表現形式，以下就以D〈中弓〉的開頭部
分爲例來看一下。首先引用與「子」稱謂的〈中弓〉有對応關係的《論語・
子路2》。

> ・仲弓爲季氏宰，問政。子曰：「先有司，赦小過，舉舉賢才。」曰：
> 「焉知賢才而舉之。」曰：「舉爾所知。爾所不知，人其舍諸。」

下劃線部分「仲弓爲季氏宰，問政」對応的D〈中弓〉的開頭部分如下
所示。

> ・季桓子使仲弓爲宰。仲弓以告孔子曰：「季氏……使雍也從於宰夫
> 之後。雍也童愚恐貽吾子羞。願因吾子而治。」

與《論語》以問答爲前提，僅簡潔記錄最少限度的事實相比，〈中弓〉的
內容則是由成爲季桓子之宰的仲弓，極爲耐心地向孔子徵求政治意見而構成
的〔註23〕。

關於此點需要注意的是，如子路篇2中「仲弓爲季氏宰，問政」，問答的
對手是以孔子爲前提，而由誰提問並無逐一明示的表現形式，與說「老師」
即指孔子爲前提的「子」稱謂之間具有對應關係。同樣的形式，也可見於如
下〈弟子問〉中（傍線部）。

> ・宰我問君子。〔子〕曰：「予，汝能慎始與終，斯善矣，爲君子乎。
> 汝焉能也。」（〈弟子問〉簡11＋簡24）

對此，之前列舉的有「孔子」稱謂的諸篇中，除缺失開頭部分的〈相邦
之道〉以外均如「子羔問於孔子」（〈子羔〉），「季康子問於孔子曰」（〈季康子
問於孔子〉）一般，爲逐一明示問答對手爲孔子的表現形式。另外，在如下《論
語》中具有「孔子」稱謂的章中也可找到相同的形式。

> ・衛靈公問陳於孔子。孔子對曰：「俎豆之事，則嘗聞之矣。軍旅之
> 事，未之學也。明日遂行。……」〈衛靈公1〉

即對於「子」的稱謂，在「孔子」的稱謂中將問答的相手逐一明示爲孔
子，是一種更爲相對化的表現形式。

以下來看具有「夫子」、「仲尼」稱謂的〈君子爲禮〉。首先將〈君子爲禮〉
中的三個章段各自附以Ⅰ、Ⅱ、Ⅲ的記號〔註24〕。其中Ⅰ與Ⅱ相連，而Ⅰ、

〔註23〕有關該點的詳情，參看拙稿〈上博楚簡〈中弓〉與《論語・子路》篇「仲弓
爲季氏宰」章〉（前註12）。

〔註24〕〈君子爲禮〉引用自陳劍〈談談《上博（五）》的竹簡分篇、拼合與編聯問題〉

II與III之間的前後關係尚不明。

　Ⅰ　顏淵侍於<u>夫子</u>。<u>夫子</u>曰：「回，君子爲禮，以依於仁。」顏淵作
　　　而答曰：「回不敏，弗能少居也。」<u>夫子</u>曰：「坐，吾語汝。言之
　　　而不義，口勿言也。視之而不義，目勿視也。聽之而不義，耳勿
　　　聽也。動而不義，身毋動焉。」顏淵退，數日不出。〔□□問〕
　　　之曰：「吾子何其瘠也。」曰：「然。吾親聞言於<u>夫子</u>，欲行之不
　　　能，欲去之而不可，吾是以瘠也。」

　Ⅱ　顏淵侍於<u>夫子</u>。<u>夫子</u>曰：「回，獨智人所惡也，獨貴人所惡也，
　　　獨富人所惡〔也，〕▨〔顏〕淵起，逾席曰：「敢問何謂也。」
　　　<u>夫子</u>〔曰〕：「智而□信，斯人欲其▨也。貴而能讓□，斯人欲其
　　　□貴也。富而▨

　Ⅲ　行人子羽問於子貢曰：「<u>仲尼</u>與吾子產孰賢。」子貢曰：「<u>夫子</u>治
　　　十室之邑亦樂，治萬室之邦亦樂。然則▨矣。」「與禹孰賢。」
　　　子貢曰：「禹治天下之川，□以爲己名。<u>夫子</u>治詩書，亦以己名，
　　　然則賢於禹也。」「與舜孰賢。」子貢曰：「舜君天下，▨

　　首先來看由孔子與顏回的問答構成的Ⅰ、Ⅱ。Ⅰ是以禮的實踐爲主題，
雖有部分缺失，但基本上可以把握全體內容，後面部分作爲後話有孔子以外
的某人物（因缺失而不明）與顏回的問答。如前所述，Ⅰ與以下列舉的《論
語·顏淵1》之間有密接的關聯，是基於同樣的前期資料潤色而成〔註25〕。

　　・顏淵問仁。子曰：「克己復禮爲仁。一日克己復禮，天下歸仁焉。
　　　爲仁由己，而由人乎哉。」顏淵曰：「請問其目。」子曰：「非禮
　　　勿視，非禮勿聽，非禮勿言，非禮勿動。」顏淵曰：「回雖不敏，
　　　請事斯語矣。」〈顏淵1〉

　　Ⅱ以獨知、獨貴、獨富爲主題，孔子的回答中「富」的部分以後缺失。
Ⅱ在傳存文獻中未見相關內容，但因缺失而有難以充分把握的部分，例如
「〔顏〕淵起，逾席曰」的表現形式，難見於《論語》，可見具有爲追求現場
感而進一步潤色的痕跡。

（武漢大學簡帛研究中心「簡帛」網，2006年2月19日）、陳偉〈《君子爲禮》
　　9號簡的綴合問題〉（武漢大學簡帛研究中心「簡帛」網，2006年3月6日）。
〔註25〕包括此點，〈君子爲禮〉參看淺野裕一〈《君子爲禮》與孔子素王說〉（《上博
　　楚簡與先秦思想》第三章，頁55～81，萬卷樓，2008年）。

　　另外，再來看Ⅰ、Ⅱ的開頭部分「顏淵侍於夫子」的表現形式。Ⅰ、Ⅱ以「顏淵侍夫子」，逐一明示了侍的對像是「夫子」，與前述的稱謂「孔子」同樣，均爲進一步相對化後的表現形式。

　　那麼「子」的稱謂又如何？很遺憾在〈弟子問〉中未見與Ⅰ、Ⅱ具有同樣場面設定的殘簡，而《論語》的表現形式則如下所示，因侍的對像是以孔子爲前提所以並無逐一明記，而且均與「子」的稱謂對應。

　　　　・顏淵，季路侍。子曰：「盍各言爾志。」子路曰：「願車馬衣輕裘，
　　　　　與朋友共，敝之而無憾。」顏淵曰：「願無伐善，無施勞。」子路
　　　　　曰：「願聞子之志。」子曰：「老者安之，朋友信之，少者懷之。」
　　　　〈公冶長26〉

　　　　・閔子騫侍側，誾誾如也。子路，行行如也。冉子、子貢，侃侃如
　　　　　也。子樂，曰：「若由也不得其死然。〈先進13〉

　　　　・子路、曾晳、冉有、公西華侍坐。子曰：「以吾一日長乎爾，無吾
　　　　　以也。……」〈先進26〉

　　如此，「子」的稱謂與「孔子」以及「夫子」的稱謂之間，可以說共同具有表現形式上的差異。

　　以下再對Ⅲ加以分析。Ⅰ、Ⅱ是孔子與弟子（顏回）的問答，而Ⅲ是鄭的行人子羽與子貢之間就孔子與子產、禹、舜孰優孰劣的問答。因末部缺失而全體的構造不明，但至少在殘存部分中孔子並未直接登場。

　　在稱謂上需要注意的是，在非對話文部分以及弟子子貢與Ⅰ、Ⅱ的顏回同樣使用了「夫子」的稱謂，而並非弟子的行人子羽則稱「仲尼」，在孔子的稱謂上孔門內弟子與孔門外他人之間具有區別。如此稱謂的區別使用與稱「孔子」以及「夫子」時相同，均可認爲是進一步相對化後的表現形式。

　　在此來看《論語》中「仲尼」的用例，如以下所舉六例均集中於子張篇篇末四章（22～25）中，其中22、23、25三章與〈君子爲禮〉相同，將「仲尼」、「夫子」的稱謂進行了區別。

　　　　・衛公孫朝問於子貢曰：「仲尼焉學。」子貢曰：「文武之道，未墜
　　　　　於地，在人。賢者識其大者，不賢者識其小者。莫不有文武之道
　　　　　焉。夫子焉不學。而亦何常師之有。」〈子張22〉

　　　　・叔孫武叔語大夫於朝曰：「子貢賢於仲尼。」子服景伯以告子貢。

　　子貢曰:「譬之宮牆,賜之牆也及肩,闚見室家之好。夫子之牆也
　　數仞,不得其門而入,不見宗廟之美,百官之富,得其門者或寡
　　矣。夫子之云,不亦宜乎。」〈子張 23〉

·叔孫武叔毀仲尼。子貢曰:「無以爲也。仲尼不可毀也。他人之賢
　　者,丘陵也。猶可踰也。仲尼日月也。無得而踰焉。人雖欲自絕,
　　其何傷於日月乎。多見其不知量也。」〈子張 24〉

·陳子禽謂子貢曰:「子爲恭也。仲尼豈賢於子乎。」子貢曰:「君
　　子一言以爲知,一言以爲不知。言不可不慎也。夫子之不可及也,
　　猶天之不可階而升也。夫子之得邦家者,所謂立之斯立,道之斯
　　行,綏之斯來,動之斯和,其生也榮,其死也哀。如之何,其可
　　及也。」〈子張 25〉

　　子張篇中並無一條含孔子的言行與問答,而是對子張、子夏、子游、曾
子、子貢等直系弟子的言論與問答進行了個別總結,具有特異的性質,並在
《論語》諸篇中也屬晚出等,已由先學予以指出。在此應當注意的是,對「仲
尼」、「夫子」稱謂區別使用的〈子張〉篇末三章(22、23、25)與〈君子爲
禮〉III均爲子貢與外人的問答,其內容均爲孔子的能力及優劣等有關孔子的
評價。如此問答,其設定本身已經顯示了兩者的後出性,按照上述的人物設
定以及內容的共同性來看,可以認爲〈子張〉篇中的子貢的問答與〈君子爲
禮〉III可能具有相同的時代性。

　　當然必須充分認識到以上是僅限於形式方面的分析,如果將以上對上博
楚簡儒家系列文獻的考察結果反過來適用於《論語》,則《論語》中較新的〈子
張〉篇諸章,就很有可能在上博楚簡書寫年代的戰國中期,也即公元前 300
年左右已經成立。

　　以上在本節中,就孔子與弟子以及政治家的問答而構成的諸篇進行了考
察,與有「子」稱謂的〈弟子問〉以及《論語》的諸章相比,有「孔子」、「夫
子」、「仲尼」等稱謂的諸篇,其內容、構成很明顯呈現出複雜化、故事化的
傾向。上博楚簡的儒家系列文獻因竹簡的殘缺無法充分把握之處甚多,簡單
定論比較危險,但如果將本節中的考察結果定位於文學的發展過程,〈弟子問〉
與上博楚簡的其他儒家系列文獻相比則屬更爲古老一層,可以認爲,這也與
直系弟子傳誦的「子」稱謂在形式上具有一定的統一性。

第六節 〈弟子問〉的文獻性質

　　最後在以上分析的基礎上，就〈弟子問〉的文獻性質加以考察。「子」的稱謂是源自提及「老師」即指「孔子」的直系弟子的用語，至少在形式方面沒有懷疑的餘地。相反，與孔門內外均可使用的「孔子」或「夫子」等稱謂不同，「子」的稱謂具有明示是基於直系弟子傳誦的功能。對於不存在孔子本人所著文獻的儒家，以「子曰」二字導出的孔子言論，乃是最爲純正的成爲教學根基的聖語，也難以發生再傳以下的後學隨意使用，恣意更改的事態。按此推測，〈弟子問〉的文獻性質，可以認爲有以下的兩種可能性。

　　第一，〈弟子問〉有可能是具有相當於今日《論語》中一篇的性質的文獻。形成《論語》諸篇的成立過程各自不同已成定說，不難想像除今日《論語》所見諸篇以外，還存有其他總結孔子言行的同類文獻。

　　只是，在此需留意的是，〈弟子問〉中僅見有「子」的稱謂，而《論語》各篇還含有除「子」以外的稱謂。其中，還有如公篇全四十二章中僅開頭第一章爲「孔子」，而其他的四十一章均爲「子」稱謂的例子，總之在《論語》中，未見只由「子」稱謂的章來構成的篇。

　　固然也很難否認〈弟子問〉的殘簡中偶爾殘存了「子」稱謂的可能性，但如果從二十四簡及殘簡中並不存在「子」以外稱謂這個事實來看，〈弟子問〉是只由「子」稱謂構成的可能性極大。因此作爲第二點，可以認爲〈弟子問〉可能具有直系弟子傳誦的言行錄這樣一個單一的性質。即可以認爲，〈弟子問〉這個文獻相當於，來自在編輯《論語》上佔主要地位的直系弟子的原始資料。

　　如上所述，上博楚簡的儒家系列文獻大致上由特定的稱謂所形成，特別是至今還未見有如《論語》諸篇中多見的「子」稱謂章與「孔子」稱謂章混合例子。這種狀況也顯示了，在《論語》的原始資料段階具有「子」稱謂的基於直系弟子傳誦的資料與有「孔子」稱謂的基於直系弟子以外的傳誦資料，具有非常明顯的區別。因此，考慮到上博楚簡的儒家系列文獻中稱謂的實際狀況，可以說在以上提出的兩種可能性中，後者的可能性更大。

　　郭店楚簡和上博楚簡的發現，給儒家思想的研究帶來了巨大的發展。特別是上博楚簡中含有多數記載有孔子與弟子以及政治家的問答文獻，具體顯示了戰國中期以前的儒家系列文獻的實際狀況。也給解決《論語》的有關問題不斷帶來了新的突破口。例如通過本章的考察，就明確了尚存在有未被《論語》採錄的直系弟子的傳誦這個事實，這在理解《論語》的成立上具有重要

的意義。今後還有必要進一步通過對《論語》爲首的傳世文獻與上博楚簡爲主的出土古文獻進行精緻的比較分析，來具體闡明儒家系列文獻的成立過程。

第三部分　漢簡《蒼頡篇》
　　　　　新資料的研究

第七章　水泉子漢簡七言本《蒼頡篇》考
——在《說文解字》以前小學書中的位置

序　言

　　據《漢書·藝文志》、《說文解字》（以下略記為《說文》）敍記載，《蒼頡篇》是作為秦始皇統一文字的一環，由李斯等所作的識字書，進入漢代後也被繼承下來，給予了漢代小學書的成立以很大的影響。唐代以後亡佚，長期以來實態不明。經過對 20 世紀以後出土的漢代《蒼頡篇》殘簡的分析，對其整體內容和構造的研究有所進展。其呈四字句和二句一韻的形式，含有陳述式句，並由集中排列有關同類事物文字的羅列式句的構造，明顯具有一種事物分類的形態〔註1〕。但在 2008 年 8 月從甘肅省永昌縣水泉子 M5 漢墓

<hr>

〔註 1〕 有關漢代《蒼頡篇》殘簡以及《蒼頡篇》的內容構造，參看羅振玉〈小學術數方技書考釋·小學類〉，《流沙墜簡》一：王國維〈蒼頡篇殘簡跋〉，《觀堂集林》卷五：胡平生、韓自強〈《蒼頡篇》的初步研究〉（《文物》1983 年第 2 期），林素清〈蒼頡篇研究〉（《漢學研究》5 卷 1 期，1987 年 6 月），胡平生〈漢簡《蒼頡篇》新資料的研究〉（《簡帛研究》第 2 輯，1996 年 9 月），拙著《說文以前小學書的研究》（創文社，2004 年 12 月），張娜麗《西域出土文書の研究——中國古代における小學書·童蒙書の諸相》（汲古書院，2006 年 2月）等。其後，斯坦因所獲未刊敦煌漢簡《蒼頡篇》殘片一千余枚在《英國國家圖書館藏斯坦因所獲未刊漢文簡牘》（上海辭書出版社，2007 年 12 月）中公佈，另外據 2009 年 11 月 5 日的《光明日報》登載的〈北京大學收藏珍貴西漢竹書〉，同年 1 月贈給北京大學的前漢中期的竹簡 3300 餘枚中含有《蒼頡篇》簡，完存有 1200 餘字。北京大學藏漢簡《蒼頡篇》其後的有關研究，參看本書第八章「漢簡《蒼頡篇》研究」。

出土的木簡（以下，略記爲水泉子漢簡）中，檢出了迄今不爲人知的約一百四十枚七字句《蒼頡篇》殘簡（以下略記爲七言本《蒼頡篇》），帶來了新的發現。

七言本《蒼頡篇》迄今已公佈了七十餘枚殘簡的釋文（含圖版四十六枚），關於其作者以及成立時期的問題，也由張存良氏以及胡平生氏進行了一定的討論〔註2〕。本章在這些先行研究的基礎上，對七言本《蒼頡篇》加以探討，試以明確其在《說文》以前的小學書中的位置。

第一節　有關七言本《蒼頡篇》的作者、成立時期的先行研究

張存良氏認爲，七言本《蒼頡篇》是在原本《蒼頡篇》的四字句下附加三字而成，在明確了其「（一）七言成句，字有重複」，「（二）句句成韻，分章換韻」，「（三）文字時或古體，書寫頗多譌俗」等特點外，還從《漢書·藝文志》的記述中，指出了揚雄的《蒼頡訓纂》或杜林的《蒼頡訓纂》的可能性〔註3〕。

對此，胡平生氏以「其一，揚雄所撰《訓纂》與《蒼頡》是兩種書，是沒有複字的」，「其二，字數不對」，「其三，七言本文字多俗語俚語」等三點，否定了張存良氏認爲作者是揚雄或杜林的見解，認爲七言本的作者不是當時的文壇大師，而是活躍在民間的「閭里書師」，大概是受到西漢中晚期相繼成

〔註2〕依管見，七言本《蒼頡篇》的先行研究主要有以下一些。
・張存良、吳荭〈水泉子漢簡初識〉（《文物》2009年第10期）。
・復旦大學出土文獻與古文字研究中心讀書會（程少軒執筆）〈讀水泉子簡《蒼頡篇》札記〉（復旦大學出土文獻與古文字研究中心網站，2009年11月11日）。
・張存良〈水泉子漢簡七言本《蒼頡篇》蠡測〉（《出土文獻研究》第9輯，2010年1月，武漢大學簡帛研究中心「簡帛」網1月29日重載）。
・程少軒記錄整理〈水泉子簡《蒼頡篇》討論記錄〉，復旦大學出土文獻與古文字研究中心網站，2010年1月17日。
・胡平生〈讀水泉子漢簡七言本《蒼頡篇》〉，武漢大學簡帛研究中心「簡帛」網，2010年1月17日；〈讀水泉子漢簡七言本《蒼頡篇》之二〉，武漢大學簡帛研究中心「簡帛」網，2010年1月21日；另外將兩篇合二爲一的〈讀水泉子漢簡七言本《蒼頡篇》〉在復旦大學出土文獻與古文字研究中心網站，2010年1月21日重載。
〔註3〕張存良〈水泉子漢簡七言本《蒼頡篇》蠡測〉（前註2）。

立的《凡將篇》、《急就篇》、《元尙篇》等七言本字書的影響,「閭里書師」把《蒼頡篇》的四字句改成了七字句〔註4〕。

胡平生氏還論及了七言本《蒼頡篇》的時代,贊同張文從「萬石君」推論其成立時期的上限是武帝時期的同時,關於張文沒有提及的下限,從與七言本《蒼頡篇》同時從水泉子 M5 漢墓出土的《日書》中可見的宣帝「本始二年」(公元前 72)的紀年和出土器物以及木簡文字書風書體等的分析,指出 M5 漢墓的墓葬年代晚不及東漢而是西漢晚期,推定木簡的絕對年代爲王莽纂漢以前的西漢諸帝時。並且,如果《蒼頡篇》的七言化是「閭里書師」受元帝、成帝時編纂的七言本字書影響而成,七言本《蒼頡篇》的編成年代和墓葬年代是基本一致的。

胡平生氏有關七言本《蒼頡篇》並非揚雄或杜林所作的論點極爲妥當,對此筆者沒有異議。但是在成立時期以及與此相伴的字書史上的定位方面,仍存在以下的問題。

《漢書・藝文志》採錄的漢代小學書中,成立時期明顯爲最初期的,有武帝時司馬相如所作的《凡將篇》。考察佚文便可得知《凡將篇》是具有七字句的小學書。即七言本字書在武帝時期已經存在,《蒼頡篇》七言化的時期,最晚也可上溯至武帝時期。因此,胡氏關於七言本《蒼頡篇》的成立,受到了元帝、成帝時期所作《急就篇》、《元尙篇》影響的推測,是值得重視的假說之一。同時,就《急就篇》、《元尙篇》以前的七言本《蒼頡篇》成立的可能性也還有充分再考的餘地。

以此問題爲前提,作爲推定七言本《蒼頡篇》的成立時期的標準,筆者想注目的是,從《漢書・藝文志》中可知的《說文》以前的小學書系統。筆者以前曾經指出,和《蒼頡篇》有關的漢代小學書,從其關聯性可分爲三個系統〔註5〕。筆者認爲,如此的系統性同時也與時代性有密切的關係。通過確定七言本《蒼頡篇》在漢代小學書發展中的位置,對其成立時期的問題也能得出一定的結論。

下節將以此觀點對《說文》以前小學書的系統和七言本《蒼頡篇》的關係加以考察。

〔註4〕　胡平生〈讀水泉子漢簡七言本《蒼頡篇》之二〉(前註2)。

〔註5〕　以下,關於《說文》以前小學書的系統和發展的詳細論述,參看拙著《說文以前小學書の研究》第五篇,頁289～348(創文社,2004 年 12 月)。

第二節 《說文》以前小學書的系統和七言本 《蒼頡篇》的關係

　　首先引用《漢書・藝文志》的書目以及小序〔註6〕，沿小序的記述來追溯小學書的發展過程，對屬於各個系統的小學書及其特色進行整理。《漢書・藝文志》的書目中《蒼頡篇》以及與其有關的小學書將附以號碼，小序則從內容分爲五個段落附以英文字母。其中留存下來的小學書只有③《急就篇》。

　　　　史籀十五篇。周宣王太史作大篆十五篇，建武時亡六篇矣。

　　　　八體六技。

　　①蒼頡一篇。上七章，秦丞相李斯作。爰歷六章，車府令趙高作。

　　　博學七章，太史令胡母敬作。

　　②凡將一篇。司馬相如作。

　　③急就一篇。元帝時黃門令史游作。

　　④元尚一篇。成帝時將作大匠李長作。

　　⑤訓纂一篇。揚雄作。

　　　別字十三篇。

　　⑥蒼頡傳一篇。

　　⑦揚雄蒼頡訓纂一篇。

　　⑧杜林蒼頡訓纂一篇。

　　⑨杜林蒼頡故一篇。

　　　凡小學十家，四十五篇。入揚雄、杜林二家三篇。

　A 史籀篇者，周時史官教學童書也。與孔氏壁中古文異體。蒼頡七
　　章者，秦丞相李斯所作也。爰歷六章者，車府令趙高所作也。博
　　學七章者，太史令胡母敬所作也。文字多取史籀篇，而篆體復頗
　　異。所謂秦篆者也。

　B 漢興、閭里書師合蒼頡、爰歷、博學三篇，斷六十字以爲一章，
　　凡五十五章，并爲蒼頡篇。

　C 武帝時，司馬相如作凡將篇。無復字。元帝時，黃門令史遊作急
　　就篇。成帝時，將作大匠李長作元尚篇。皆蒼頡中正字也。凡將
　　則頗有出矣。

〔註6〕《漢書》頁 1719～1721（中華書局，1962 年）。

D 至元始中，徵天下通小學者以百數，各令記字於庭中。揚雄取其
　　有用者以作訓纂篇，順續蒼頡，又易蒼頡中重復之字，凡八十九
　　章。臣復續揚雄作十三章，凡一百二章，無復字，六藝羣書所載
　　略備矣。

E 蒼頡多古字，俗師失其讀。宣帝時，徵齊人能正讀者，張敞從受
　　之，傳至外孫之子杜林，爲作訓故。并列焉。

　　在 A 中，記載了周《史籀篇》和多依據其收錄字而成的秦〈蒼頡〉七章、
〈爰歷〉六章、〈博學〉七章的成立。

　　其次在 B 中，記載了進入漢代後「閭里書師」合〈蒼頡〉、〈爰歷〉、〈博
學〉三篇，以六十字爲一章將全篇分爲五十五章，總稱爲①《蒼頡篇》。

　　在 C 中，記載了據「蒼頡中正字」作成②《凡將篇》③《急就篇》④《元
尙篇》等。據現存的《急就篇》分析，這些均屬於一方面依據《蒼頡篇》的
收錄字，而一方面在內容或句式上加以全面改編的改編書，是爲替代《蒼頡
篇》所作的更簡便易學、學習效率更高的識字書。

　　在 D 中記錄了⑤《訓纂篇》的製作。《訓纂篇》收錄了《蒼頡篇》中未收
字，屬於有順續意圖的續成書。從以下引用的與《說文・敘》〔註7〕的對應可
知，與《蒼頡篇》同樣具有四字句，六十字一章的體裁，形式面也有繼承《蒼
頡篇》的意圖。

　　　孝宣時，召通倉頡讀者，張敞從受之。涼州刺史杜業、沛人爰禮、
　　　講學大夫秦近，亦能言之。孝平時，徵禮等百餘人，令說文字未央
　　　廷中，以禮爲小學元士。黃門侍郎揚雄，采以作訓纂篇。凡倉頡已
　　　下十四篇，凡五千三百四十字，羣書所載略存之矣。

在此需留意的是，《訓纂篇》不是揚雄個人的著作，而是在徵集以小學元士爰
禮爲首的天下小學家百餘人於未央廷舉行國家小學研討後，集其成果而作
的。爰禮作爲通蒼頡讀的人物在《說文》中被特記下來。不難設想未央廷小
學研討的中心題目即是《蒼頡篇》的正讀和續成。

　　在 E 中，記載了宣帝時張敞受齊人傳授《蒼頡篇》的正讀，以此爲家學
繼承下來的杜林作了《蒼頡篇》的訓詁書。這被認爲是對應書目⑧《杜林蒼
頡訓纂》以及⑨《杜林蒼頡故》的記述〔註8〕。

〔註7〕　《說文解字》頁 315（中華書局，1963 年 12 月）。

〔註8〕　《杜林蒼頡訓纂》與《杜林蒼頡故》兩書的關係，參看拙著《說文以前小學

關於⑦《揚雄蒼頡訓纂》，因在《漢書・藝文志》的小序中未見與其直接有關的記述，所以在其性質方面的見解發生了對立。筆者從以下兩個理由，認爲看作是含《蒼頡篇》文字訓詁的注釋書比較妥當。

第一點，是《漢書・藝文志》的書目排列。在書目的排列上，將成立年代較古的著作先行排列的意圖，從成立時期已知的小學書的排列狀況即可明確得知。然而在①《蒼頡篇》以後，以《蒼頡篇》爲母體的②《凡將篇》③《急就篇》④《元尙篇》等一系列改編書按成立順序進行排列，其後作爲《蒼頡篇》的續成書班固在書目中新續入了⑤《訓纂篇》，因爲以跨越了原來的《七略》中存在的《別字》和《蒼頡傳》的方式進行排列，所以同時存在有按內容排列的意圖也是毋庸置疑的。而且《訓纂篇》的配置，也顯示了班固續入的揚雄和杜林的著作並非是和其他小學書無關而被一起附加了在了書目的末尾。因此，假如《揚雄蒼頡訓纂》爲非訓詁書，應該配置在《訓纂篇》之後，但相反的是，其位於從書名被看做是《蒼頡篇》注釋書的⑥《蒼頡傳》和很明顯是《蒼頡篇》訓詁書的《杜林蒼頡故》之間，這也正好成爲把《揚雄蒼頡訓纂》看做是訓詁書的佐證。

第二點，是《說文》序所引用的揚雄說的佚文。《說文》以所謂通人說引用揚雄有十三條。段玉裁把其中的五條推定爲《揚雄蒼頡訓纂》的佚文。這些均爲與訓詁有關，但佚文中該字到底是否爲《蒼頡篇》中的文字尙不明確，段玉裁的見解也只能是一種臆測。然而在阜陽漢簡《蒼頡篇》中，明確存在有對應其中兩條的文字。因爲如上所述揚雄的兩部著作中《訓纂篇》是收錄了《蒼頡篇》未收字的小學書，所以至少這兩條是《揚雄蒼頡訓纂》相關佚文的可能性極大，同時也是《揚雄蒼頡訓纂》爲含訓詁的注釋書的有力佐證〔註9〕。

如此，《揚雄蒼頡訓纂》可認爲是含有《蒼頡篇》未收字的注釋書，另外從書名可知與《訓纂篇》也具有密切的關聯，所以不僅是《蒼頡篇》，還可考慮含有《訓纂篇》訓詁的可能性。依此推測，則可認爲《訓纂篇》和《揚雄蒼頡訓纂》同爲受未央廷小學研討的成果影響由揚雄編述的小學書，前者作爲集成《蒼頡篇》未收字的續成書，後者作爲《蒼頡篇》及《訓纂篇》的訓詁書，功能分擔且密切相連。

書の研究》第五篇第三章第二節，頁 325～334（前註 1）。

〔註 9〕有關《揚雄蒼頡訓纂》的詳細論述，參看拙著《說文以前小學書の研究》五篇第三章第一節，頁 321～324（前註 1）。

以上基於《漢書・藝文志》的記述，對與《蒼頡篇》有關的漢代小學書的性質加以了分析，並將其分類爲改編書、續成書、注釋書等三個系統。各小學書按系統分類後如〔圖 1〕所示。下面將基於此分類，考察與七言本《蒼頡篇》的關係。當前要重視的問題，並非如前面所討論的與單個小學書的關係，而是如果在這三個系統中存在與七言本《蒼頡篇》有關的系統，則到底是哪個系統的問題。

〔圖 1〕《說文》以前小學書的系統

```
                 ┌─ 改編書系統……②《凡將篇》③《急就篇》④《元尚篇》
                 │
①《蒼頡篇》──┼─ 續成書系統……⑤《訓纂篇》
                 │
                 └─ 注釋書系統……⑥《蒼頡傳》⑦《揚雄蒼頡訓纂》
                                    ⑧《杜林蒼頡訓纂》⑨《杜林蒼頡故》
```

首先，改編書系統是一面依據《蒼頡篇》的收錄字，一面對內容和句式加以全面的改編，來作成更簡便而高效的識字書。因此，將原樣包含有《蒼頡篇》的七言本《蒼頡篇》看作是改編書系統的小學書是比較困難的。

接下來的續成書系統，其目的則是集成《蒼頡篇》的未收字，所以含有《蒼頡篇》的七言本《蒼頡篇》自然也不會爲續成書系統的小學書。

那麼，與注釋書系統的關係又如何？注釋書系統的小學書均與《蒼頡篇》的注釋有關，即使內部包含有《蒼頡篇》也屬自然。因此在系統類別方面，七言本《蒼頡篇》和注釋書系統的關係，便有了進行慎重考察的必要。

下節將在此結論的基礎上，以句式結構爲重點對七言本《蒼頡篇》的性質重新加以考察。

第三節　從句式構成來看七言本《蒼頡篇》的性質

張存良氏認爲在《蒼頡篇》原文的四字句後附加三字的作用是，「所增三字即是對前四字文意的一個順勢延伸，有簡單訓釋的意思，使前四字的意義更加完整或確有所指」〔註 10〕。該見解，正確把握了七言本《蒼頡篇》中附加部份的作用。但還需進一步補充強調的是，附加的三字最多只是對應於上

〔註 10〕張存良〈水泉子漢簡七言本《蒼頡篇》蠡測〉頁 65（前註 2）。

面四字句,基本上沒有連接下面四字句的作用。也即,附加三字的目的,是為了輔助理解各自上邊的《蒼頡篇》原文,而使識字學習更加方便。只理解為從四言字書改編為七言字書是不充分的。

具體例證,如七言本《蒼頡篇》第一章的第十一、第十二句〔註11〕。

初雖勞苦後必安

卒必有憙□□□

《蒼頡篇》原文中本為「初雖勞苦,卒必有憙」,「初雖勞苦」以下新附加三字「後必安」後,結果與下句的原文「卒必有憙」之間在表達上發生衝突,而且「必」字也發生了重複。

如附加三字時考慮過七言字書的改編問題,那麼此種狀況正好可以說明胡文所指的「顯現草率匆促,不是深思熟慮之作」等七言本《蒼頡篇》的性質。但是,如果「後必安」三字只不過是接著上句「初雖勞苦」而加上去的,從剛開始就沒有過多考慮和下句「卒必有憙」的關係,這種現象倒不如看做是七言本《蒼頡篇》在句式構成上的特色。

如前所述,張文中指出附加三字中重複字較多,此種現象也正說明了下邊三字的第一義不過是對《蒼頡篇》原文的四字進行敷衍和訓詁,而作為識字書的一個共識,即儘量排除重複字的意識則比較稀薄。

關於以上一點,試舉以羅列式句子為主的事物分類形態的部份為例,和改編書系的《急就篇》進行比較。首先,為把握前後句的聯繫,從七言本《蒼頡篇》中阜陽漢簡《蒼頡篇》以及敦煌漢簡《蒼頡篇》的對應中,舉出可復原編聯的三例,接著引用《急就篇》第十八章的車馬相關部分和第廿二章的疾病相關部分〔註12〕。

○ 七言本《蒼頡篇》

暫9〔封二:2〕+暫4〔封二:1〕(阜陽C025)

☑胱回

疪疪禿瘻頭傷齊(?)

〔註11〕以下七言本《蒼頡篇》的引用,參看前註2中列舉的先行研究論文。另外如張存良氏所指出的,七言本《蒼頡篇》中散見有譌體字和俗字的例子,從上述先行研究並適當加以校正。此外,七言本《蒼頡篇》的缺失部分中,從其他漢代《蒼頡篇》殘簡中補充的文字,為參考起見在括號中表示。

〔註12〕《急就篇》(四部叢刊續編,商務印書館,1934年7月)。

齲齔痍傷□□□

肬胅瞽盲樂府師

執囚柬☑

暫 29＋暫 28（阜陽 C026）

☑□婁斡宄宿左張

弘兢前眉不可量

霸暨專庚□□□

峉巒岑崩山隮陂（？）

阮嵬阤阮水不行

阿尉馭☑

暫 44＋暫 41＋〔封二：6〕（阜陽 C032＋C033＋C034，敦煌 1836）

☑□展賮遵□□□

游敎周章□□化

黠黶黯黮黑如夜

甄黝黔賜赤詑多

黱黭赫赧□□□

儵赤白黃□□□

瘽棄朧瘦當道魁

兒孺早殤父母悲

恐懼☑

○《急就篇》

第十八章（車馬相關部分）

輜軺轅軸輿輪轑

輻轂輨轄轒轉轓

軹軾軫軨轛輨衡

蓋轑俾倪枙縛棠

彎勒鞁韅靬羈韁

鞧䩅靯韝鞍韉鍚

靳靷靳帖色焜煌

第廿二章（疾病相關部分）

寒氣泄注腹臚張

痂疕疥癰瘛聾盲

癃疽癭瘲瘻痺瘢

疝瘕癩疾狂失響

癉瘀瘀痛瘦溫病

消渴歐逆欬瀉讓

癉熱瘻痔盯蔑眼

篤癃瘲癈迎醫匠

　　七言本《蒼頡篇》的七字句，均與以上所示例子相同，由《蒼頡篇》原文的四字句與對其闡述、敷衍的三字組合而成〔註13〕。一方面，類似的句法在《急就篇》中，如前引用的第十八章的第七句和第廿二章的第八句等並不少見。然而《急就篇》並不像七言本《蒼頡篇》一般從頭到尾全句均爲相同構成，基本上是以同類事物的相關文字進行集中排列的羅列式句占中心位置，其中交織敷衍、訓釋形式的句子。相反，在七言本《蒼頡篇》中，則很難見到在《急就篇》中多見的一句七字以同類事物名構成的例子。以上敘述的七言本《蒼頡篇》和《急就篇》在句式構成上的差異如用圖簡單表示即如〔圖2〕。

〔圖2〕七言本《蒼頡篇》與《急就篇》的句式構成上的差異

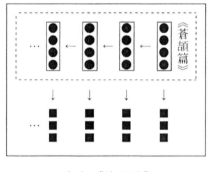

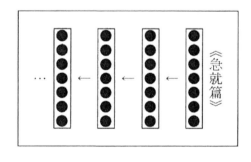

七言本《蒼頡篇》　　　　　　　　　　《急就篇》

　　七言本《蒼頡篇》雖然在七字句和押韻等誦習的便利性一點上，與《急

〔註13〕不過，雖接《蒼頡篇》原文的四字句，例如「腴腴瞀盲樂府師」的附加部分「樂府師」所接的不是「腴腴瞀盲」全體而是後半二字「瞀盲」，不一定是接全部四字句全體一點有必要引起注意。

就篇》等改編書系統的識字書之間具有共性，但在各句的句式構成方面卻有顯著的不同。從這些不同點來看，與其說七言本《蒼頡篇》是純粹的識字書，倒不如從對《蒼頡篇》各句進行釋義的廣義注釋書的一面，更能看出其特色。

但在此必須指出的是，即使說七言本《蒼頡篇》具有廣義的注釋書的性質，與《揚雄蒼頡訓纂》和《杜林蒼頡訓纂》、《杜林蒼頡故》等訓詁書相比還是有很大的不同。如前節所述，《揚雄蒼頡訓纂》是建立在未央廷小學研討成果之上的訓詁書，《杜林蒼頡訓纂》、《杜林蒼頡故》是集作為家學的小學而成的訓詁書，兩者均為與《蒼頡篇》的正讀有關的學術著作一點，從《說文》所引的「揚雄說」或「杜林說」即可窺知片鱗。而七言本《蒼頡篇》則與這些訓詁書的水準層次不同，是為了把《蒼頡篇》作為識字書的初學者加深對《蒼頡篇》各句的理解而作成的，其目的只不過是為了方便學習《蒼頡篇》。之前提到的胡平生氏所說的「七言本文字多俗詞俚語」，可以說是正明確顯示了七言本《蒼頡篇》具有的作為訓蒙書的性質。

第四節　在《說文》以前小學書中七言本《蒼頡篇》的位置

根據上節的分析，下面將對七言本《蒼頡篇》在《說文》以前小學書的發展中加以定位，並對七言本《蒼頡篇》的成立時期加以考察。

據《漢書‧藝文志》，秦的國定課本《蒼頡篇》在進入漢代後也經「閭里書師」合編、改章後被承襲下來，在西漢初期並沒有由漢人獨自作成識字書的形跡。這也許是由於處在建國後的變動期沒有顧及製作識字書，但最大的理由還是因為，承襲了秦的文字政策的漢認為《蒼頡篇》還充分維持著其功能，因而沒有必要再去親自製作新的識字書。反過來也可以說明《蒼頡篇》作為識字書有著相當高的完成度。

漢人製作的最初的識字書《凡將篇》是由司馬相如完成的。估計最早也到了漢成立六十五年後的武帝時期（公元前 141～公元前 87）。儘管其間是否製作過新識字書尚不明瞭，但基本上可以認為《蒼頡篇》到武帝時期依然佔據識字書的主流位置。

在以上狀況中引人注目的一個變化是，《漢書‧藝文志》中「蒼頡多古字，俗師失其讀。宣帝時，徵齊人能正讀者，張敞從受之」的記述。同樣的記述

在《說文‧敍》中為「孝宣時，召通倉頡讀者，張敞從受之」。從這些記述可知，宣帝時期（公元前 74〜公元前 49），《蒼頡篇》仍作為識字書在使用，但因多含古字正讀已有困難，發生了與時代不符的狀況。接下來的元帝時期（公元前 49〜公元前 33）史游的《急就篇》、成帝時期（公元前 33〜公元前 7）李長的《元尚篇》、以及由「蒼頡中正字」製作的改編書系統小學書的相繼成立也絕非偶然，正說明到西漢後期有了使用符合時代的新識字書替代《蒼頡篇》的必要。

以上的推測，通過從敦煌、居延出土的漢代簡牘資料中檢出的《蒼頡篇》殘簡或《急就篇》的殘簡也可以得到證實。敦煌漢簡和居延漢簡中檢出的《蒼頡篇》殘簡以及《急就篇》殘簡的大部分被認為是混在被廢棄的文書群中出土的官吏的習書。在此需要注意的是，在同出的文書中有不少記載有年號的紀年簡。本來把紀年簡和其他同出簡簡單結合起來比較危險，但如果同出的紀年簡為複數，而且其年代可以確定在一定範圍時，將這些看作是一個年代的標準並非一定無效，再綜合個別的考察去大致地把握其年代，則算出小學書使用的大致年代也是可能的。

從以上意圖加以分析的結果表明，敦煌、居延漢簡中《蒼頡篇》的同出紀年簡的年代，幾乎均集中在西漢末以前，而《急就篇》的同出紀年簡的年代集中在從西漢末期到新以後。因此，敦煌、居延漢簡中從《蒼頡篇》到《急就篇》的移動時期，大致看來基本上可推定為西漢末期。只是如依照敦煌、居延漢簡的性質，則此年代並非該識字書開始流行的時期，而是顯示了用該識字書習得文字的官吏活動的時期，所以可推定最遲也在其十年或二十年以前，即在西漢後期，識字書的主流即從《蒼頡篇》移至了《急就篇》。如此通過對同出有紀年簡的分析，可以得知《急就篇》成立後，在比較短的期間內替代了《蒼頡篇》佔據了識字書的主流〔註14〕。

〔註14〕 從敦煌、居延漢簡中檢出的《蒼頡篇》殘簡以及《急就篇》殘簡和有紀年簡的關係，參看拙著《說文以前小學書の研究》第三篇第一章第三節，頁 136 〜154（前註1）。斯坦因所獲未刊敦煌漢簡《蒼頡篇》的時代，大西克也〈「史書」とは何か——英藏敦煌漢簡及び秦漢楚地域出土資料を中心として〉（《出土文獻と秦楚文化》第 5 號，頁 32，2010 年 3 月），從同一地點出土的紀年簡均有宣帝時期年號一點，可推測其年代為宣帝時期或離此不遠的時代。另外，北京大學藏西漢《蒼頡篇》簡的書寫年代大致推定為武帝時期。詳情參看北京大學出土文獻研究所〈北京大學藏西漢竹書概說〉（《文物》2011 年第 6 期）、朱鳳瀚〈北大漢簡《蒼頡篇》概述〉（《文物》2011 年第 6 期）。

在此需注意的一點是，一方面《急就篇》、《元尙篇》等替代《蒼頡篇》的新漢代小學書相繼製成並開始流行，而另一方面，平帝時期（公元前1～公元5）在未央廷小學研討的成果的基礎上，揚雄作《訓纂篇》、《揚雄蒼頡訓纂》，在東漢初期，杜林集張敞以來的家學作《杜林蒼頡訓纂》、《杜林蒼頡故》。

產生這種狀況的原因可以認爲是，雖然《蒼頡篇》在當時作爲識字書已經不再符合時代要求，但反過來又因爲保存了衆多古字，並作爲這些字正讀的貴重訓詁資料而被重視起來。結合西漢末年的政治情況來看，則不難想像在其背後存在有王莽推崇古文學的跡象。

如按照以上《說文》以前漢代小學書的發展狀況來看，七言本《蒼頡篇》的成立時期，應當認爲在《蒼頡篇》依然佔據著識字書主流地位的西漢中期以前比較妥當。另外，從與張存良氏指出的成立年代上限基準「萬石君」一詞的關係推測，七言本《蒼頡篇》的成立時期，可以認爲大約是在從武帝到宣帝時期。

如前所述，胡平生氏從與《急就篇》、《元尙篇》等七言字書的影響關係，推定七言本《蒼頡篇》的成立時期爲西漢後期。但是，在取代與時代不符的《蒼頡篇》而成立的新識字書《急就篇》、《元尙篇》流行以後，受其影響爲學習《蒼頡篇》而成立了七言本《蒼頡篇》的推測，從小學書的發展觀點來看，是否會有些不自然？確實從西漢末年到東漢，成立了《揚雄蒼頡訓纂》、《杜林蒼頡訓纂》、《杜林蒼頡故》等注釋書。但是，這些均是與《蒼頡篇》的正讀有關的訓詁爲主，與以初學者爲對象的七言本《蒼頡篇》的訓蒙書的性質相異。

如以上推測並無大錯，關於七言本《蒼頡篇》在《說文》以前的小學書中的地位，可以設想爲以下兩種。

第一，七言本《蒼頡篇》是成立在武帝時期的《凡將篇》之前。此時，可以將七言本《蒼頡篇》定位於《蒼頡篇》與《凡將篇》及《急就篇》、《元尙篇》之間，可以設想秦代的四言本《蒼頡篇》經過七言本《蒼頡篇》到漢代的七言本字書，這樣一個小學書的階段性發展的過程。

第二，七言本《蒼頡篇》成立於《凡將篇》之後。此時，關於漢代七言本字書的成立，就難以設想爲如前所述的階段性發展過程。但在此需留意的是，在《凡將篇》中含有《蒼頡篇》以外的文字和無重複字兩點上，可認爲與後續的《急就篇》、《元尙篇》的性質不同。《凡將篇》的此種性質，並未被

《急就篇》、《元尙篇》所繼承，其後續的二書僅把收錄字限定在「蒼頡中正字」，而且沒有完全排除重複字，可見其作爲《蒼頡篇》的改編書，追求的是更爲簡便高效的內容與形式。因此，可以說《凡將篇》作爲《蒼頡篇》的改編書所處的先頭位置還處於未分化的階段，到《急就篇》以後，《蒼頡篇》改編書的性質才被明確下來。

因此，即使假設七言本《蒼頡篇》是成立在《凡將篇》以後，在僅限於「蒼頡中正字」的，被純化的改編書《急就篇》、《元尙篇》的成立上，七言本《蒼頡篇》對其影響極大的推測也是可以完全可行的。

當然漢代七言本字書的成立背景，有必要考慮多種原因。例如胡平生氏指出的口語中言語變化的影響，也可以看作重要原因之一。但在此要特別注意的是，因爲在七言本《蒼頡篇》和漢代七言字書之間具有《蒼頡篇》這個堅實的共同基礎，所以可以設想更爲直接的影響關係。因此，可以說七言本《蒼頡篇》在《說文》前史中，是占據了一個填補秦代四言本《蒼頡篇》和漢代七言本字書之間空白的缺失環節（missing link）的位置。

結　語

水泉子漢簡的出土重新明確了七言本《蒼頡篇》的存在，本章在先行研究的基礎上，從漢代小學書的系統和發展方面對其加以探討。其結果可以總結爲以下三點。

（一）七言本《蒼頡篇》，是爲了增進對《蒼頡篇》的理解和識字學習的方便，由《蒼頡篇》的四字句加上對其進行闡述和敷衍的三字而成的七字句所構成的，是具有廣義的注釋書性質的訓蒙書。

（二）七言本《蒼頡篇》的成立時期，從附加三字部分中可見的「萬石君」一詞和漢代小學書的系統和時代性的關係，可以推測爲《蒼頡篇》仍然佔據識字書的主流位置的西漢中期從武帝到宣帝時期。

（三）七言本《蒼頡篇》先行於《急就篇》、《元尙篇》，更有存在於《凡將篇》以前的可能性，因此可以認爲在秦代《蒼頡篇》發展到漢代七言本字書的過程中，佔據了很重要的位置。

最後在以上考察的基礎上，就七言本《蒼頡篇》和《漢書・藝文志》著錄的小學書的關聯提出一個假說，來結束本章。

　　如第二節所指出的，雖然從系統類別觀點來分析，七言本《蒼頡篇》和注釋書系統的關係引人注目，但卻與《揚雄蒼頡訓纂》以及《杜林蒼頡訓纂》、《杜林蒼頡故》難以進行比較。在此要重新注目的是，包含在注釋書系統中「蒼頡傳一篇」的存在。此《蒼頡傳》沒有記錄作者名，而且因小序中也沒有言及，所以迄今基本上未被論及。但是，此書名中有「傳」，且其後連續排列有《揚雄蒼頡訓纂》、《杜林蒼頡訓纂》、《杜林蒼頡故》，因此無疑是與《蒼頡篇》的注釋有關的書，另外從末尾的「入揚雄、杜林二家三篇」的班固的自注來看，班固補入的是揚雄以及杜林的著作三篇，可知《蒼頡傳》在劉歆的《七略》中已經存在了。

　　揚雄和杜林的注釋書，是以從佚文的分析，到文字的訓詁爲主，與對《蒼頡篇》每句的句意進行闡述、敷衍的七言本《蒼頡篇》的性質相異。如注意兩者的不同點，例如相對於《杜林蒼頡故》的「故（詁）」，《蒼頡傳》的「傳」則有可能是，如將《蒼頡篇》的意思進行平易解說的七言本《蒼頡篇》，具有廣義的注釋書意思的詞語。胡平生氏指出七言本《蒼頡篇》的作者爲民間的「閭里書師」，從其訓蒙的性質也可以認爲是極爲妥當的推測，但從《蒼頡傳》中沒有記錄特定作者名的狀況來看，也可知是消極地暗示著兩者的關係。

第八章　漢簡《蒼頡篇》研究
——以分章形態爲中心

序　言

　　傳爲秦始皇時期所作的《蒼頡篇》〔註1〕，長期亡佚實態不明。然而，從二十世紀前半期出土的敦煌漢簡（以下略記爲敦煌簡）以及居延漢簡（以下略記爲居延簡）中，發現了當地吏卒習書課本的殘簡及習書的殘片之後，從此開漢簡《蒼頡篇》研究之端緒〔註2〕。

　　該漢代防衛線出土的《蒼頡篇》，隨中華人民共和國建國後的考古學調查而數量有所增加，同時於建國前出土簡，也從斯坦因第二次探險所獲未刊簡牘〔註3〕中發現了大量的《蒼頡篇》習書殘片等，帶來了新的進展。另外，漢墓出土的《蒼頡篇》，以 1977 年安徽省阜陽縣雙古堆一號漢墓出土的阜陽漢簡《蒼頡篇》〔註4〕（以下略記爲阜陽本）爲嚆矢，近年來，又陸續有 2008

〔註 1〕如後所述，「蒼頡篇」本來僅指李斯所作的〈蒼頡〉的名稱，但進入漢代後與其他的〈爰歷〉、〈博學〉二篇進行合篇、改章，以後，作爲與其他二篇的總稱固定下來。因此在本稿中，也在無特別提示的情況下，將「蒼頡篇」用作三篇的總稱。

〔註 2〕有關敦煌漢簡以及居延漢簡中發現的《蒼頡篇》殘簡，請參看拙著《說文以前小學書の研究》頁 91～154（創文社，2004 年）。另外邊境防衛線出土的漢簡《蒼頡篇》中，敦煌、居延漢簡以外還有尼雅漢簡《蒼頡篇》一枚（張娜麗《西域出土文書の研究——中國古代における小學書・童蒙書の諸相》頁 56～57（汲古書院，2006 年）。

〔註 3〕汪濤、胡平生、吳芳思編《英國國家圖書館藏斯坦因所獲未刊漢文簡牘》（上海辭書出版社，2007 年）

〔註 4〕阜陽漢簡《蒼頡篇》的書寫年代，推定爲文帝十六年（公元前 164 年）以前，

年甘肅省永昌縣水泉子漢墓出土的水泉子漢簡七言本《蒼頡篇》〔註5〕（以下略記爲水泉子本）、2009 年北京大學獲贈的北大漢簡《蒼頡篇》〔註6〕（以下略記爲北大本）等新的發現。

　　通過資料的飛躍性增長與充實，漢簡《蒼頡篇》研究迎來了一個新的階段，但因水泉子本以及北大本至今尚未公開全貌，要進行包括新資料在內的全面考察，還要假以時日。不過根據已發表的概要與一部分圖版，文本的異同與分章的形態等在一定範圍內已經具備了考察的條件，並已發表有數篇論考。

　　本章正是在如此狀況之下，對漢代《蒼頡篇》的實態，以分章形態爲中心加以初步考察。

第一節　從分章形態來看漢簡《蒼頡篇》的分類

　　在分析《蒼頡篇》的分章形態之際，一個重要的線索就是以下《漢書・藝文志》（六藝略・小學）中的記述〔註7〕。

> 　　蒼頡七章者，秦丞相李斯所作也。爰歷六章者，車府令趙高所作也。博學七章者，太史令胡母敬所作也。文字多取史籀篇，而篆體復頗異。所謂秦篆者也。漢興，閭里書師合蒼頡、爰歷、博學三篇，斷

竹簡一百二十五枚均爲殘簡，殘存字數爲五百四十余字。詳情參看安徽省文物工作隊、阜陽地區博物館、阜陽縣文化局〈阜陽雙古堆西漢汝陰侯墓發掘簡報〉（《文物》1978 年第 8 期）以及文物局古文獻研究室、安徽省阜陽地區博物館阜陽漢簡整理組〈阜陽漢簡簡介〉，同〈阜陽漢簡《蒼頡篇》〉（《文物》1983 年第 2 期），胡平生、韓自強〈《蒼頡篇》的初步研究〉（《文物》1983 年第 2 期），林素清〈蒼頡篇研究〉（《漢學研究》第 5 卷第 1 期，1987 年 6 月），拙著《説文以前小學書の研究》頁 37〜88（前註 2，福田哲之著，佐藤將之、王綉雯合譯《中國出土古文獻與戰國文字之研究》第一部分「阜陽漢簡《蒼頡篇》研究」，頁 1〜60，萬卷樓，2005 年再收）。

〔註5〕水泉子漢簡七言本《蒼頡篇》的書寫年代，推定爲從武帝時期至西漢末年之間，木簡約一百四十余枚均爲殘簡，殘存字數約一千余字。詳情參看本書第七章「水泉子漢簡七言本《蒼頡篇》考」。

〔註6〕北大漢簡《蒼頡篇》的書寫年代大致推定爲武帝時期，竹簡枚數爲八十六枚，殘存字數約一千三百余字。詳情參看北京大學出土文獻研究所〈北京大學藏西漢竹書概説〉（《文物》2011 年第 6 期），朱鳳瀚〈北大漢簡《蒼頡篇》概述〉（《文物》2011 年第 6 期）。

〔註7〕關於《蒼頡篇》的製作在《説文・敘》中也有「秦始皇帝初兼天下，丞相李斯乃奏同之，罷其不與秦文合者。斯作蒼頡篇，中車府令趙高作爰歷篇，大史令胡母敬作博學篇。皆取史籀大篆，或頗省改。所謂小篆者也」的記載。

六十字以爲一章，凡五十五章，并爲蒼頡篇。

據此可知，《蒼頡篇》本爲秦丞相李斯所作的「蒼頡七章」、車府令趙高所作的「爰歷六章」、太史令胡母敬所作的「博學七章」等獨立的三篇，至漢代後閭里書師合三篇，按六十字爲一章將全體分爲五十五章，總稱爲「蒼頡篇」。

現已確認的《蒼頡篇》簡均被認爲是漢代人所書寫，而且有研究表明，部分文本還具有漢代修改的痕跡。在分章形態方面需要注意的是，具有《漢書・藝文志》中閭里書師以一章六十字分章的文本，也有其他分章形式等兩種文本。以下本章爲方便起見，將前者稱爲改編本，後者稱爲未改編本。

屬改編本的文本，迄今從形制方面已知有居延簡 9.1ACB。而作爲未改編本，則有觀點認爲阜陽本近於閭里書師改編前的秦本，筆者也於舊稿中試對其進行過具體的考察〔註8〕。而水泉子本以及北大本，則作爲進一步揭明漢簡《蒼頡篇》分章形態的新資料受到了關注。

爲行論方便，在先行研究的基礎上略加私見將漢簡《蒼頡篇》的類別整理如下：

從下節開始將基於此分類，通過兩本的比較分析來把握漢簡《蒼頡篇》的分章形態，就《漢書・藝文志》中所記載的閭里書師改編的具體情況結合其歷史背景進行考察。

第二節　分章的實態（一）——北大本與居延簡的比較

在本節中，主要來對在分類上毫無懷疑餘地的未改編本的北大本與改編

〔註8〕拙著《説文以前小學書の研究》頁51～53（前註2）。
〔註9〕水泉子七言本，是在《蒼頡篇》四字句上加上對此進行闡述、敷衍的三字句的七字句構成，從散見具有「百五」的章字數標記的殘簡，一章4字15句計60字的改編本的體裁，作爲7字15句計105字沿襲下來。因此在本章中分類爲改編本。

本的居延簡 9.1ACB 進行比較。首先將朱鳳瀚〈北大漢簡《蒼頡篇》概述〉〔註10〕（以下略記爲〈概述〉）對新出資料北大本所舉的六項要點總結如下。

一、各簡的滿寫字數爲 20 字。

二、各章以開頭兩字爲標題，第 1 簡與第 2 簡兩簡正面上端從右至左進行書寫。現存有「顓頊」、「雲雨」、「室宇」、「□輪」、「鶡鴇」、「漢兼」、「□祿」、「闊錯」、「幣帛」、「□悝」、「賣購」等 11 個章的標題。同樣的標題方式也可見於睡虎地秦簡及周家台秦簡中。

三、各章文末明記有各章字數，明記字數的章末簡殘存 9 枚，最多爲「百五十二」最少爲「百四」，具體字數與枚數（括弧內小寫數字）如下所示。「百四」（1）、「百一十二」（1）、「百廿八」（3）、「百卅六」（1）、「百卌」（1）、「百五十二」（2）

四、基本爲四字一句，二句一韻的句式，每二句在第二句末一字押韻，多數章一韻到底，個別也有如之、職部的合韻。

五、同一韻部的章不限一章，也有分爲數章時。

六、各章的文字排列與組合雖有多種，但以「羅列式」與「陳述式」兩種爲主。

北大本的圖版，管見認爲現在公開了 5 簡〔註11〕。其中 2469・2396・2148・1583 四簡據「概述」相當於「漢兼」章第 1 簡至第 4 簡，如以下釋文所示，與居延簡 9.1ACB 之間具有文本的對應關係。另外釋文中▲表示押韻字，居延簡釋文中下劃線部分爲據北大本在舊釋上加以校訂的文字，方框部分爲據北大本、水泉子本補入的文字。

　　北大本〔註12〕

〔註10〕朱鳳瀚〈北大漢簡《蒼頡篇》概述〉（前註6）。

〔註11〕總結五簡的圖版所載文獻以及編號則如下。北京大學出土文獻研究所〈北京大學藏西漢竹書概說〉（《文物》2011 年第 6 期）頁 50「圖一北京大學藏西漢竹書（部分）之一」：1583、2396、2148、1583，《書法叢刊》（2011 年第 4 期）頁 112「北京大學藏西漢竹書　蒼頡篇（一）～蒼頡篇（四）」：1583、2396、2148、1583，《國際漢學研究通訊》（2010 年第 1 期）封三「北京大學新獲西漢竹書蒼頡篇」：1 簡（未記編號）。另外《國際漢學研究通訊》第 1 期圖版的存在，是由大西克也氏所教示。

〔註12〕北大本 2469、2396、2148、1583 四簡釋文，引自〈北京大學藏西漢竹書概說〉圖版（前註11）、朱鳳瀚〈北大漢簡《蒼頡篇》概述〉（前註6），《書法叢刊》圖版、釋文（前註11）。

漢　　漢兼天下　海內并廁▲　胡無噍類　菹醢離異▲　戎翟給賓　　　2469

兼　　百越貢織▲　餝端脩灊　變大制裁▲　男女蕃殖　六畜逐字▲　　2396

　　　顚鵤觭贏　骹䠠左右▲　勢悍驕裾　誅罰贅耐▲　凡勝誤亂　　　　2148

　　　圖奪侵試▲　胡貉離絕　冢槨棺柩▲　巴蜀築竹　筐篋簽笥▲　　　1583

居延簡〔註13〕

　　　第五　戲叢書插　顛顧重該▲　已起臣僕　發傳約載▲　趣遠觀望　　9.1A

　　　　　行步駕服▲　遹逃隱匿　往來眜眜▲　漢兼天下　海內并廁▲　　9.1C

　　　　　胡無噍類　菹薑離異▲　戎翟給賓　佰越貢織▲　餝端脩灊　　　9.1B

　　在進入文本比較之前，先對兩者的形制進行確認。北大本具有與一章六十字的改編本不同的分章形態一點，從前述的要點三所記的各章字數即可明白而無需贅言。據此，北大本的章末在文本後記有各章字數，因此此四簡並未完結「漢兼」章，至少還應存在有一簡以上的後續簡。而且如前述要點二所記，北大本具有各章開頭二字橫寫的章題，「漢兼」章中第一簡（2469）上端「漢」字以及第二簡（2396）上端「兼」字即屬此類。朱氏從秦簡中也具有同樣的標示形式一點上認爲，北大本乃是保存了秦本的章題。

　　另一方面，居延簡 9.1ACB 爲三面體的木觚，一面 20 字，三面共書寫有 60 字，開頭記有顯示章數的「第五」的文字。曾如勞榦所指出的〔註14〕，該形態與「斷六十字以爲一章」的《漢書·藝文志》的記述相符，居延簡 9.1ACB 屬於閭里書師改編本一點，可認爲是定說無妨。下面，就對北大本與居延簡 9.1ACB 的文本進行比較，對其分章形態的差異加以分析。

　　對於北大本「漢兼」章的文本，朱氏指出從開頭的「漢兼天下」至「六畜逐字」的十句爲典型的陳述句式，而「顚鵤觭贏」以後則轉換爲羅列句式

─────────────

〔註13〕居延簡 9.1ACB 釋文，引自謝桂華、李均明、朱國炤《秦漢魏晉出土文獻·居延漢簡釋文校合》上冊頁 14（文物出版社，1987 年）。

〔註14〕勞榦〈蒼頡篇與急就篇文〉（《居延漢簡·考釋之部》中央研究院歷史語言研究所，1960 年所收〈居延漢簡考證〉）中有「木觚共寫三面，每面一行五句二十字，三面共爲六十字。與漢藝文志言『漢興閭里書師合倉頡、爰歷、博學，三篇，雖六十字爲一章，凡五十五章，並爲蒼頡篇』者相合」。另外與 9.1ACB 同樣出土自 A28 察汗多可，同樣書寫於三面體木觚的 9.2ABC、307.3ACB，也從字體、書風、書式等觀點，如勞榦所指出的 9.1ACB 看作一系列的《蒼頡篇》。只是，木簡表面剝落面積甚大，圖版也不鮮明所以釋讀較爲困難。

〔註15〕。據該觀點，以陳述句式部分爲 A，羅列式部分爲 B，兩者句式的差異如下所示。

> A 漢兼天下，海內并廁。胡無噍類，菹醢離異。戎翟給賓，百越貢織。飭端脩灋，變大制裁。男女蕃殖，六畜逐字。
>
> B 顛儗、觭嬴、骩奰、左右，勢悍、驕裾，誅罰、貲耐，凡勝、誤亂，圉奪、侵試，胡貉、離絕，冢槧、棺柩，巴蜀、筊竹，筐篋、籤笥，〔註16〕……

從開頭部分 A 的「漢兼天下」至「六畜逐字」十句，內容爲稱讚漢的天下統一與外交、內政的安定。在 B 的「顛儗觭嬴」以後，基本上一句是由兩字一組的同義、類義字構成，並以聯想的方式進行展開〔註17〕。

「漢兼」章的章末部分如何結尾，現在尚不明瞭，但與居延簡比較可知「漢兼」章之前存在的章末尾，是以羅列句式的「……逋逃隱匿 往來眽睞」來完結，從「漢兼」章以新的陳述句式開始，因此可以認爲「漢兼」章的末尾，也極有可能考慮到了與內容的對應。如前述要點三所記，殘存北大本章末簡的章的字數，從最多的「百五十二」到最少的「百四」，數值多種多樣的狀況也暗示了各章與內容方面之間存在一定的對應關係。

其次一面與北大本「漢兼」章進行對比，一面來看居延簡「第五」章的文本。如朱氏所指出的〔註18〕，「第五」章採用了，在存於「漢兼」章前章末尾部分的「戲叢書插」到「往來眽睞」八句之後，接續從「漢兼」章第一句「漢兼天下」至第七句「飭端脩灋」的構造。其結果就是，在「漢兼」章形

〔註15〕 朱鳳瀚〈北大漢簡《蒼頡篇》概述〉頁 59（前註 6）。

〔註16〕 梁靜〈出土本《蒼頡篇》對讀一則〉（武漢大學簡帛研究中心「簡帛」網，2011年 8 月 5 日）中，通過與阜陽本、水泉子本的比較，指出其後接續「廚宰犓豢甘膠〈酸？〉羹戴」二句。

〔註17〕 以二字連文爲主的《蒼頡篇》的句式構成的特色，參看拙著《說文以前小學書の研究》頁 64～73（前註 2）。

〔註18〕 朱鳳瀚〈北大漢簡《蒼頡篇》概述〉頁 58（前註 6）。另外梁靜〈由北大漢簡查考《蒼頡篇》流傳中的一處異文〉（武漢大學簡帛研究中心「簡帛」網，2011年 7 月 19 日）中，也在朱氏觀點的基礎上對北大本及居延簡 9.1ACB 進行了比較，明確了居延簡「第五」章是由原本「漢兼」前章的末尾部分與「漢兼」章的開頭部分所構成的。但梁氏所說「此章的六十個字就是由原本屬於「漢兼」前一章末的四十個字和「漢兼」章開頭的二十個字組成」中的「四十個字」與「二十個字」部分，則需要各自訂正爲「三十二個字」與「二十八個字」才妥。

成了一個完整的陳述句式 A 的「漢兼天下」至「六畜逐字」十句中末尾三句「變大制裁　男女蕃殖　六畜逐字」，在居延簡中位於了以下「第六」章的開頭部分。也即比起北大本「漢兼」章，居延簡「第五」章的分類極不徹底。

居延簡的如此狀況，說明了「斷六十字以爲一章」的閭里書師的分章，乃是無視與內容之間關係的機械式的改編〔註 19〕。而具有與內容對應關係的北大本的分章，則可以認爲與居延簡相比更顯示出原始的樣態，認爲北大本保持了近似閭里書師改編之前秦本形態的朱氏的觀點值得首肯。

在此需要重新注意的是，兩者章題形式的差異。如上述北大本以章的開頭二字爲章題，而對此在居延簡中則爲號碼。這種狀況所象徵的意義，於北大本則是各章的個性，於居延簡則是各章的統一性以及整體上的一致性，可以認爲兩者章題形式與分章形態之間具有緊密的關聯性。

第三節　分章的實態（二）──阜陽本、北大本與敦煌簡的比較

在本節中，將對阜陽本 C032＋C033、北大本（未記編號）、敦煌簡 1836 進行探討。如前所述筆者曾在旧稿中就阜陽本 C032＋C033 與敦煌簡 1836 進行比較、從分章形態方面，指出敦煌簡 1836 屬於改編本，對此阜陽本文本則可認爲近於改編以前的秦本〔註 20〕。該結論現在也沒有必要變更，但根據從北大本上獲得的新的認識，發現了在論證過程中有必要進行補充修訂之處，因此包括此點在內，以下將重新進行論證。首先舉出各文本的釋文，並對阜陽本的釋文加以若干考察。

○阜陽本〔註 21〕

　　☒□展賁遜　游教／周章▲　黠鷹黯羅☒　C032＋C033

○北大本〔註 22〕

〔註 19〕　在此就閭里書師的改章與〈蒼頡〉、〈爰歷〉、〈博學〉三篇合篇的關連稍作說明。如根據上述分析，六十字一章的新的分章形態，不僅導致秦代原本各章的解體，對區分各篇也影響甚大，可以說必然導致了三篇的統合。

〔註 20〕　拙著《說文以前小學書の研究》頁 51～53（前註 2）。

〔註 21〕　以下阜陽本的釋文，引自文物局古文獻研究室、安徽省阜陽地區博物館阜陽漢簡整理組〈阜陽漢簡《蒼頡篇》〉（前註 4），其中一部分通過對照片圖版的詳查後進行了補正。另外，因 C032＋C033 之後夾「甂黝黔」等三個缺失字與 C034 連接，難以斷定是否爲同一簡而未予引用。

游教周章▲黮鸝黯黮　黿勴黔黯▲　黤黬赫赧　儵赤白黃▲（未記編
號）

○敦煌簡〔註23〕

■　游教周章▲　黮鸝黯黮　黿勴黔黯▲　黤黬赫赧　儵赤白黃▲　1836

根據阜陽本的照片圖版，從斜線示意的 C032 下端部與 C033 上端部的竹
簡的接合狀況，可確認兩簡本來爲同一竹簡〔註24〕。阜陽漢簡整理組〈阜陽
漢簡《蒼頡篇》〉〔註25〕的摹本中 C032 第二句第三字右側的殘存部分作「戈」
的形體，同書釋文在此基礎上推定爲「戠」並認爲是「周」的通假字。如果
重新在照片圖版〔註26〕上進行確認就會發現，殘存部分很明顯與「戈」相異，
不如說是與「周」字右側一致〔圖 1〕。因此，該殘缺字當推定爲「周」比較
妥當，阜陽本與北大本、敦煌簡之間並不存在文字的異同。

〔圖 1〕阜陽本 C033 開頭部分

在探討阜陽本的分章形態時一個最大的困難就是，因竹簡殘缺嚴重，無
一簡爲完簡，大部分是由殘存三字以下的斷簡而成。例如阜陽本中具有與前
述北大本「漢兼」章以及居延簡「第五」章文本相對應的殘簡四簡〔註27〕，

〔註22〕北大本的釋文據《國際漢學研究通訊》第 1 期（前註 11）所載圖版。
〔註23〕敦煌簡 1836 的釋文，引自羅振玉、王國維《流沙墜簡》小學術數方技書考釋
　　　（1934 年再版本‧1993 年中華書局影印）。
〔註24〕中國簡牘集成編集委員會編《中國簡牘集成》第 14 冊圖版選下（敦煌文藝出
　　　版社，2005 年）頁 300 的圖版中 C032 與 C033 綴合爲 C032，C033 缺號。
〔註25〕阜陽漢簡整理組〈阜陽漢簡《蒼頡篇》〉（《文物》1983 年第 2 期）。
〔註26〕中國簡牘集成編集委員會編《中國簡牘集成》第 14 冊圖版選下頁 300（前註
　　　24）。
〔註27〕阜陽本中北大本「漢兼」章、居延本「第五」章對應四簡的釋文如下所示。
　　　☑已起臣僕　發傳約載　趣遽觀望　行步駕服　逋逃隱匿☑　C001
　　　☑□兼天下　海內并廁　飭端脩灋　變大☑　C002
　　　☑□臾佐宥　勢悍驕裾　誅罰賁耐　政勝誤亂☑　C003
　　　☑絕　冢壙棺匛　巴蜀筡杅　筐篋簦笱　廚宰犠豢☑　C004

但均爲缺失上下的斷簡，而無法把握分章的實際情況。如此狀況下應該重視的是，具有與阜陽本 C032＋C033 相對應文本的敦煌簡 1836。

　　敦煌簡 1836 爲上下端保存完整的完簡，字體嚴謹，字距較寬而且書寫工整，並非爲習書而是作爲範本的課本簡。而且並非書寫在如大多數西北邊境境內出土木簡上而是書寫在竹簡上這一事實，也顯示了乃是從中央帶過來的課本的一部分。

　　另外還需注意的是，簡首具有楕方形標號一點〔圖 2〕。曾對漢簡中的標號進行過詳細分析的陳夢家曾指出，簡端的中圓點相當於章句號，在武威漢簡《儀禮（甲本）・服傳》中，章號爲方形或近楕方形，句號則爲中圓點〔註28〕。按陳氏的觀點來看，敦煌簡 1836 簡首的標號無疑當爲章號，很明顯，在「游敖周章」之前就已經分章。

〔圖 2〕敦煌簡 1836　　　〔圖 3〕阜陽本　　　〔圖 4〕北大本
　　　　　　　　　　　　　　　　　　　　　　　　　（未記編號）

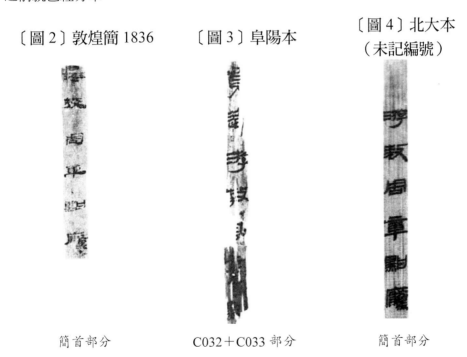

　簡首部分　　　　　　　C032＋C033 部分　　　　　　簡首部分

　　對此，阜陽本 C032＋C033 中「游敖周章」書寫爲與前句連續的形式，之間並無分章的形跡〔圖 3〕。而且北大本中，也未見簡首有顯示章的開頭的章題標誌〔圖 4〕，可知與阜陽本同樣，「游敖周章」乃是位於章的中間。

〔註28〕陳夢家〈由實物所見漢代簡冊制度〉12，標號（《漢簡綴述》頁 308，中華書局，1980 年）。

如此，阜陽本、北大本與敦煌簡 1836 的分章形態相異就得以實證，接下的問題是，如何證明敦煌簡 1836 屬於改編本。有關此點在舊稿中，敦煌簡 1836 與改編本居延簡 9.1ACB 相同一簡（面）20 字的形式，而阜陽本則據殘存簡的分析一簡的容字可推定為 20 字以上，因此將一簡 20 字的形式作為改編本的判別標準。然而據北大本來看，未改編本也具有同樣的一簡 20 字的形式，從而得知該形式應當看作是與分章形態的差異無關的《蒼頡篇》標準體例。

作為關連敦煌簡 1836 與改編本的新證據，以下來看通過前節的考察獲知的分章與內容的對應關係。敦煌簡 1836 中各句句式均屬羅列式，但章的開頭首句「游敖周章」與第二句「點㸌黯黭」以後，具有很明顯的內容上的差異。即第一句為與「游」、「周」等同義、類義的動詞相組合，而第二句以後則由黑為主的有關色彩名稱的文字構成。而且通過與阜陽本的比較，開頭第一句「游敖周章」正相當於連接前章尾句「□展賁遴」的押韻句。如此狀況，就可以與前述居延簡 9.1ACB 不考慮與內容對應的機械式分章的情形並軌，證實了敦煌簡 1836 正是屬於改編本。

通過以上考察，重新確認了阜陽本與北大本共屬未改編本。只是需要留意的是，上述狀況並不意味著阜陽本與北大本具有相同的分章形態，阜陽本的分章形態依然未能充分把握。阜陽本存在某種分篇或分章形態一點，隨著具有篇章末尾簡形式的文本後留白的三枚殘簡（C038、C056、C061）的發現，可以認為確鑿無疑〔註29〕。但其末尾標明字數，與章的開頭標有章題末尾記有各章字數而具有完整體裁的北大本相比，阜陽本極有可能為簡略的形式。

關於章的開頭部分，因竹簡的缺損無法完全把握，但需留意的是，阜陽本中具有相當於前述北大本「漢兼」章開頭部分的殘簡 C002，同時還具有相當於朱氏〈概述〉中提及的章題中所見「賣購」章開頭部分的殘簡 C044。其各自的釋文如下所示。

〔註29〕文本末尾留有空白的三簡的釋文如下所示。另外有關篇章末尾簡的形式，參看陳夢家〈由實物所見漢代簡冊制度〉12，標號（前註28）。
　　　☑業未央（以下白簡）C038
　　　☑庚馺（以下白簡）C056
　　　☑佁笘樂和（以下白簡）C061

○「漢兼」章開頭部分相關簡

　　☒□兼天下　海内并廁　飭端脩濤　變大☒　C002

○「賣購」章開頭部分相關簡

　　☒賣購件如　枏杫杫杫　柴箸☒　C044

　　從圖版可見 C002 中，缺失北大本「漢兼天下」一句的「漢」字以前部分，「兼」字也是僅殘存了點劃的一部分〔註30〕，因此，與北大本同樣「漢兼天下」以後是否分章尚不明瞭。而 C044 則殘存有「賣購」二字之前部分，但因圖版不太鮮明，該處的痕跡到底是文字還是污點尚難以判別〔註31〕。另外，〈阜陽漢簡《蒼頡篇》〉摹本中的有關部分爲未記有任何文字的白簡，如果是正確摹寫了原簡的狀況，則白簡部分相當於竹簡上端的編線部分，「賣購」二字則位於簡的開頭，很有可能進行了與北大本同樣的分章。

　　總之，阜陽本分章的實際狀況，還有待於對原簡或更爲鮮明的圖版進行詳查，另外通過北大本的公佈，或許也可以得到一些有關兩者關係的線索。

第四節　分章形態與文本的關係

　　以上，通過未改編本與改編本的比較分析來考察了閭里書師進行改編的具體狀況。在此需要注意的是，屬未改編本的北大本與阜陽本之間存在四句十六字的有無等文本上的異同。關於該異同，已在阜陽本與居延簡的關係上有過指出〔註32〕，而北大本的出現，則有可能對其進行更明確的把握。因此在本節中，從包含改編本文本的綜合觀點對北大本與阜陽本發生異同的原因加以探討，以明確分章形態與文本的關係。

　　首先將相關諸本設爲Ⅰ到Ⅳ號，並列出各自的文本。

　　Ⅰ　北大本 2469、2396

　　Ⅱ　居延簡 9.1CB

〔註30〕〈阜陽漢簡《蒼頡篇》〉（前註4）所收圖版參 C002 以及摹本中推斷爲「兼」的文字右側一部分殘存。然《中國簡牘集成》第 14 冊圖版選下，頁 295（前註 24）圖版中則無法確認。

〔註31〕中國簡牘集成編集委員會編《中國簡牘集成》第 14 冊圖版選下，頁 301（前註 24）。

〔註32〕參看胡平生、韓自強〈《蒼頡篇》的初步研究〉（前註4），林素清〈蒼頡篇研究〉（前註4），拙著《說文以前小學書の研究》頁 37～59（前註2）。

Ⅲ　水泉子本暫 14、暫 15、暫 12〔註 33〕

Ⅳ　阜陽本 C002

Ⅰ　漢兼天下　　海內并廁　　胡無噍類　　菹醢離異　　戎翟給賓　　百越
貢織　　飭端脩灋　　變大制裁（以下略）

Ⅱ　漢兼天下　　海內并廁　　□□□類　　菹盍離異　　戎翟給賓　　佰越
貢織　　□□□□

Ⅲ　□□心不平　漢兼天下<u>盡安寧</u>　海內屏廁……　□<u>盍離異毋入</u>
<u>刑</u>　戎翟給賓<u>賦斂</u>……□陶（？）主　變大制裁<u>好衣服</u>（以下
略）

Ⅳ　□兼天下　　海內并廁　　×××× ×××× ×××× ××××　　飭端脩灋
變 大

以下將對有關對應文字的異同加以確認。Ⅰ的北大本與Ⅱ的居延簡進行
校對就會發現，居延簡中第三句以及第七句中由於木簡表面的剝落造成共計
七字的缺失。除去該缺失字的居延簡的 21 字中，除「醢」──「盍」及「百」
──「佰」等具有通用關係文字的異同外與北大本一致。

Ⅲ的水泉子本由在原文四字上附加三字（下劃線部分）的七字句構成，
因木簡的一部分缺失難以進行全體的比較，但對「漢兼天下」、「海內屏廁」
暫 14，「□盍離異」、「戎翟給賓」暫 15，「變大制裁」暫 12 等 19 字進行校對
就會發現，除去「并」──「屏」以及「醢」──「盍」等具有通用關係文字
的異同，與北大本一致。

Ⅳ阜陽本的末尾字右側缺損，「阜陽漢簡《蒼頡篇》」的釋文作「化」，並
在簡注（1）中釋爲「化（？）」。但如蔡偉氏〔註 34〕所指出的「化（？）」應

〔註 33〕水泉子本的引用，參考復旦大學出土文獻與古文字研究中心讀書會（程少軒
執筆）〈讀水泉子簡《蒼頡篇》札記〉（復旦大學出土文獻與古文字研究中心
網站，2009 年 11 月 11 日），張存良〈水泉子漢簡七言本《蒼頡篇》蠡測〉（《出
土文獻研究》第 9 輯，2010 年 1 月），程少軒記錄整理〈水泉子《蒼頡篇》
討論記錄〉（復旦大學出土文獻與古文字研究中心網站，2010 年 1 月 17 日），
胡平生〈讀水泉子漢簡七言本《蒼頡篇》〉（復旦大學出土文獻與古文字研究
中心網站，2010 年 1 月 21 日）。

〔註34〕蔡偉〈讀北大漢簡《蒼頡篇》札記〉（復旦大學出土文獻與古文字研究中心網
站，2011 年 7 月 9 日）認爲「變大，阜陽漢簡 C002 作「變化（？）」疑是誤釋。」

視爲誤釋，如果詳查圖版就會發現，雖然不太鮮明，但從竹簡的殘存狀況與上面「變」字的位置關係上可確認並不是「亻」（人偏旁）而是「大」字的左側部分〔圖 5（箭頭部分）〕。因此可見，北大本與阜陽本之間所對應的 13 字中並不存在異同。

〔圖 5〕阜陽本 C002 末尾部分

在以上分析的基礎上，下面將對北大本與阜陽本之間所見四句十六字的有無的異同加以探討。現在，對其發生的原因存在有兩種不同的對立觀點。

其中之一是由朱鳳瀚氏提出的刪除說〔註 35〕。朱氏將該四句解釋爲稱讚秦始皇統一六國後邊境經營的業績，之所以在阜陽本中未見該四句，是因爲西漢初期在整理秦本《蒼頡篇》之際進行了刪除，而在北大本居延簡中則保存了秦本的狀態。

對該刪除說梁靜氏提出了增修說〔註 36〕。梁氏認爲此四句並非原本存在於秦本之中，其稱讚的對象也非秦始皇而是漢武帝。並認爲其反映了邊境經營隆盛期武帝時期的時代特徵，是在該時期編入了《蒼頡篇》中。所以不見於漢文帝十五年（公元前 165 年）以前書寫的阜陽本中，而存在於武帝後期以前的北大本、以及從武帝時期以後設營的烽火台遺址出土的居延簡、另外從七言的體裁等要素上推斷其存在於最晚期的水泉子本中，可以說是一種當

〔註 35〕朱鳳瀚〈北大漢簡《蒼頡篇》概述〉頁 60（前註 6）。
〔註 36〕梁靜〈由北大漢簡查考《蒼頡篇》流傳中的一處異文〉（前註 18）。

然的現象。

的確如梁氏所指出的，文帝期間書寫的阜陽本中已刪除的四句，卻見於武帝期間以及其後書寫的北大本以及居延簡中，即使將文本系統的差異考慮在內，也還是有些不自然，假設即便如此，爲何未刪除四句的文本可以繼續並存到武帝晚期也需要一個說明。在將武帝時期的時代特色以及文本的書寫年代與四句的有無等問題結合起來進行說明一點上，梁氏的增修說有一定的說服力。

雖無意偏祖朱氏的刪除說，但仍需要留意的是該四句還充分留有原本是對秦始皇對外政策讚賞之辭的可能性。陳述句式的「漢兼天下」至「六畜逐字」十句，以最初的「漢兼天下　海內并廁」兩句開頭，「胡無嚛類　菹醢離異　戎翟給賨　百越貢織」四句爲外交，「飭端脩灋　變大制裁　男女蕃殖　六畜逐字」四句爲內政，可以說相互間具有緊密的關聯性。在如此狀況下，可以說認爲該四句當初就存在的觀點較爲自然，至武帝時期增修了有關外交的「胡無嚛類」以下四句的解釋則頗爲勉強。

那麼，阜陽本中無此四句的理由該如何說明？重新來看北大本 2469、2396，會發現在編綴的竹簡上「海內并廁」位於與「飭端脩灋」的鄰接位置。而且因居延簡 9.1ACB 一面二十字的形式與北大本相同，雖分章形態相異但「海內并廁」與「飭端脩灋」之間具有同樣的關係。如果重視如此簡冊上文本的位置關係，那麼阜陽本中未見「胡無嚛類」以下四句的原因，就有可能是在書寫之際看錯行而產生的誤脫。

本來，因爲阜陽本所依據文本的文本位置關係無法判明，該誤脫說也只是一個推測。但是，如上所述北大本、居延簡 9.1ACB、敦煌簡 1836 共同具有一簡五句二十字的形式，可見此乃是《蒼頡篇》廣泛實行的標準體例。而且不難想像，與一般書籍不同，小學書從教學的方便性一點上，也有必要進行體例上的形式化。在此狀況下，阜陽本的母本中也極有可能存在誘發抄錯行的，「海內并廁」與「飭端脩灋」鄰接的位置關係，可以說上述誤脫說具有極大的成立餘地。根據這種推測，北大本與阜陽本的異同，就沒有必要推測爲通過刪除或增修來有意變更文本了。

漢簡《蒼頡篇》中文本的異同該如何理解的問題，對如何把握漢代《蒼頡篇》的實態影響極大，北大本及水泉子本的全貌現階段還未公開，尚不能輕易下結論。因此，必須說以下的卑見也不過是現階段一個展望而已，但如

果按照以上的考察來看，可以認爲，漢簡《蒼頡篇》除去具有通用關係的文字的異同外並無顯著的文本異同，諸本間的差異有可能主要限定在分章形態方面。

　　六朝時期流傳的《蒼頡篇》中具有漢代以後的變更一點，在北齊顏之推《顏氏家訓・書證》篇以及梁庚元威〈論書〉（《法書要錄》卷二）中已進行過具體言及。《顏氏家訓》舉出的四句當中「漢兼天下　海內并廁」二句與漢簡《蒼頡篇》相符，成爲了初期研究中《蒼頡篇》殘簡的認定之際的重要依據。正如其所象徵的，漢簡《蒼頡篇》的文本探討之際此類逸文具有的重要意義自不待言。只是《顏氏家訓》中可見有豨、黥、韓等漢代的人名，而另外兩句「豨黥韓覆　畔討滅殘」尚未在漢簡中得到確認，在改變的時期以及與《蒼頡篇》原文的關係方面尚留有許多不明點〔註 37〕。因此在現階段，不是以漢代存在有顯著的文本變化爲前提，而是有必要徹底按照漢簡《蒼頡篇》文本的實態進行考察。

第五節　漢代改編本成立的背景

　　通過以上考察出現的問題是，儘管已經存在有，在以漢代的使用爲前提的文本上加以一定改變的未改編本，爲何閭里書師還有必要特地解體與內容相對應的分章，並將分章形態改編爲一章六十字。從此觀點重新來看《漢書・藝文志》，就會發現秦代原本與漢代改編本的成立背景存在顯著的差異。

　　秦本中的作者，〈蒼頡〉爲丞相李斯，〈爰歷〉爲車府令趙高等均爲國家中樞人物。〈博學〉的太史令胡毋敬〔註 38〕雖生平不詳，但據張家山漢簡〈二年律令・史律〉的律文等，從其職務可知其負責有關史官的學童考試以及史官的評定〔註 39〕。本來有關作者的此類記述，在何種程度上反映了歷史事實尚需要愼

〔註 37〕有關《顏氏家訓》引用四句，于豪亮氏認爲，前兩句的末字「廁」（職部）與後兩句的末字「滅」（月部）在漢代爲不叶韻，因此「漢兼天下，海內并廁」與「豨黥韓覆　畔討殘滅」並不連續（中華書局總編輯室編《古籍整理出版情況簡報》1981 年第 3 期）。

〔註 38〕唐張懷瓘〈書斷・中〉妙品（『法書要錄』卷八）中有「秦胡毋敬，本櫟陽獄吏。爲太史令。博識古今文字。亦與程邈李斯，省改大篆，著博學篇七章。覃思舊章，博采眾訓」。有關該記述，或因資料的時代較晚，迄今幾乎未曾被提及，但作爲有關胡毋敬的貴重傳承而受到矚目。

〔註 39〕關於張家山漢簡〈二年律令・史律〉，參看廣瀬薰雄《秦漢律令研究》頁 269

重考慮，但至少可以說這種傳承的存在，顯示了三篇在秦代的重要性。

而且，畢竟是以傳承秦代的原文爲前提進行的解釋，與國家的緊密關連從其首章〔註40〕也可得知。《蒼頡篇》首章內容爲對學童講述勤奮學書以成爲史官，從其中的「幼子承詔」及「苟務成史」等句，可看出國家將培養世襲的史官爲第一義而製作的形跡。而且《蒼頡篇》的此種性質，可以說是繼承了收錄字母體《史籀篇》的「周時史官教學童書」（《漢書・藝文志》）的性質。

對此漢代的合篇及改章，則是由民間的書塾教師閭里書師來進行的，《漢書・藝文志》對此特記一筆，也顯示了在漢代的改編上，存在並非由官方而是由民間來進行的一種明確的認識。按照兩者的這種差異可以推測，漢代閭里書師的改編，乃是爲了將秦以培養世襲史官爲目的製作的〈蒼頡〉、〈爰歷〉、〈博學〉三篇，也能夠適用於沒有世襲條件的庶民子弟的一種措施。

那麼爲何必須是一章六十字？在此需要提及的是，認爲改編本的形式乃是基於《六甲篇》的陳夢家的觀點〔註41〕。《六甲篇》是爲學習干支的課本，以可上溯至殷代甲骨文的最老的習字課本之一而著名〔註42〕。不僅是六十爲一組的構想，在一行二十字的體例上也具有共同性，陳氏的觀點極富啓發性。可以認爲，爲追求教學上的便利性上，在需要統一全篇形式之際，傳統課本《六甲篇》的體例被作爲範例的可能性極高。

而且閭里書師對《蒼頡篇》進行改編的問題，當然也與西漢時期官吏習得文字的實態有緊密的關連。據高村武幸氏的觀點，在秦和西漢時期，如果是不滿任用所需的財產資格的中等階層，大部分具有一定的文字知識，文獻中也散見有不具世襲基礎的少吏被任用爲書記的例子，睡虎地秦簡的〈內史

〜331，第七章「張家山漢簡《二年律令》史律研究」（汲古書院，2010 年）。

〔註40〕關於《蒼頡篇》首章，參看胡平生〈漢簡《蒼頡篇》新資料的研究〉（《簡帛研究》第 2 輯，法律出版社，1966 年），拙著《說文以前小學書の研究》頁112〜119（前註2）。

〔註41〕陳夢家〈由實物所見漢代簡冊制度〉頁 301（前註28）中認爲，「漢世字書乃學童誦習的韻語，有定字，有定句，有韻，如《蒼頡篇》斷六十字以爲一章，凡五十五（見《漢書・芸文志》），此漢時閭里書師所授。其所以斷六十字爲一章，則本於《六甲篇》。《六甲篇》是兒童啓蒙時所讀，以十天干十二地支所構成的干支表，凡一百二十字，代表六十日」。

〔註42〕關於《六甲篇》，參看張政烺〈六書古義〉（《國立中央研究院歷史語言研究所集刊》第十本，1948 年）。另外關於甲骨文中干支的習刻，參看松丸道雄〈殷代の學書について──甲骨文字における「習刻」と「法刻」〉（《書學書道史研究》第 10 號，2000 年）。

雜律〉以及張家山漢簡〈二年律令・史律〉規定的書記的世襲培養及任用，已經與當時的實際情況不符〔註 43〕。因此，當時閭里書師成爲社會上不可或缺的存在，在培養以掌握一定文字知識爲前提的少吏方面，民間的書塾起到的作用，要比想像的大得多。恐怕說西漢時期少吏的培養基本上是由民間的閭里書師支撐的也不爲過。可以說《漢書・藝文志》中記載的閭里書師對《蒼頡篇》的改編，正是象徵著這種時代狀況〔註 44〕。

　　通過如此與改編本的對置重新注意到的是，如阜陽本及北大本等作爲漢墓隨葬品出土的未改編本的存在。關於《蒼頡篇》隨葬的意義，筆者曾在舊稿中就與阜陽本的關係做過若干考察，從墓主第二代汝陰侯夏侯竈的年齡以及與其他隨葬品的關係上，論述了阜陽本並非是爲任官而作的識字書，而是被作爲了集多個領域文字的一種百科字彙的字書〔註 45〕。而北大本，因爲並非考古學的發掘品而無法得到與墓葬的狀況以及墓主等有關的線索，但如果其他的北京大學藏西漢竹書是從同一墓出土，從內容廣泛書寫工整的高質文本狀況來看，則可以說墓主屬貴族階層的可能性極高。另外在與隨葬書籍整體的關係一點上來看則術數類佔有一定的位置〔註 46〕，與阜陽本之間具有共同性。通過該北大本的發現，貴族墓中隨葬《蒼頡篇》的例子並非阜陽本固有的狀況，可以說與爲任官而作的識字書性質迥異的，《蒼頡篇》接受狀況的另一面更加鮮明。

　　有關此點需要注意的是，阜陽本中並無發現相當於首章的殘簡，而現在

〔註43〕　高村武幸《漢代の地方官吏と地域社會》「第一部・第三章漢代の官吏任用と
　　　　　文字の知識」頁88～111（汲古書院，2008 年）。另外關於秦漢時期官吏文字
　　　　　學習的實態，參看富谷至《文書行政の漢帝國　木簡竹簡の時代》第Ⅱ編第一
　　　　　章「書記官への道──漢代下級役人の文字習得」（名古屋大學出版會，2010
　　　　　年），邢義田（廣瀨薰雄譯）〈漢代の《蒼頡篇》、《急就篇》、八体と「史書」
　　　　　の問題──秦漢時代の官吏はいかにして文字を學んだか〉（藤田勝久、松原
　　　　　弘宣編《東アジア出土資料と情報傳達》汲古書院，2011 年）。
〔註44〕　關於閭里書師改編的時期，根據屬改編本系統的居延簡 9.1ACB、敦煌簡
　　　　　1836、水泉子本的書寫年代的相互關連，設定其下限大致爲武帝時期。另一
　　　　　方面，關於上限雖現階段還難以得到充足的論據，但如果將改編的要因歸於
　　　　　少吏大量任用的時代背景，則可上溯到西漢早期。
〔註45〕　拙著《說文以前小學書の研究》頁 53～59（前註 2）。
〔註46〕　就竹書內容，北京大學出土文獻研究所〈北京大學藏西漢竹書概說〉（前註 6）
　　　　　中記述道，「竹書的內容極爲豐富，含有近 20 種古代文獻，基本涵蓋了《漢書・
　　　　　藝文志》所劃分的「六藝」、「諸子」、「詩賦」、「兵書」、「術數」、「方技」六大
　　　　　門類，是迄今所發現戰國秦漢古書類簡牘中數量最大的一批。（中略）北大西
　　　　　漢竹書中數術類文獻極爲豐富、是已知同類出土文獻中數量最大的一批」。

也並無報告表明北大本中含有相當於首章的殘簡〔註47〕。而另一方面，從被認爲通過改編本進行學書的敦煌簡及居延簡中發現的多數習書簡，是由書寫首章一部分的殘簡構成，從被認爲是爲初學者而作的具有七言形式的水泉子本中，也發現了相當於首章的殘簡。本來尚無法完全否定起因可能是由於竹簡的缺失，但據居延簡 EPT50.1AB 來看，首章的陳述形式部分達 12 句 48 字，而相當於該部分的殘簡完全未發現的事實，則顯示了在阜陽本、北大本中本來並不存在首章。如上所述的《蒼頡篇》首章，其內容主要以對學童講述勤奮學習文字爲主，而對於將其作爲百科辭彙性質字書的貴族們來說則並不需要，因此才從書中除去的吧。之前從章題形式的不同，指出了與具有統一分章形式的改編本相比，未改編本各章的個性更加明顯，但對於從首章逐次進行學習的改編本，還有必要考慮到在未改編本中，也可能有根據需要有選擇性地取捨某章或者某篇的可能性。

結　語

　　在本章中，以分章形態爲主試對漢簡《蒼頡篇》進行了比較分析，並對漢代的閭里書師改編的具體狀況與其歷史背景加以考察。現將以上的論述總結爲以下五點。

　　（一）著眼於分章形態，即可在漢簡《蒼頡篇》中發現具有被認爲是沿襲秦本體裁的未改編本，與由閭里書師進行合篇、改章的改編本兩種文本。

　　（二）未改編本各章的字數不等，與各章內容之間存在有一定的對應關係，但在改編本中則機械地統一爲一章六十字的形式，因此來自秦本的各章在內容方面的分類遭到解體。

　　（三）未改編本以及改編本中，雖具有以漢代的使用爲前提的文本改動痕跡，但在兩本之間並無顯著的文本的異同，可以認爲兩本的差

〔註47〕　朱鳳瀚〈北大漢簡《蒼頡篇》概述〉（前註6）中，就北大本句式中的「陳述式」論述説，「較典型的如『漢兼』一章内『漢兼天下，海内并廁……男女蕃殖，六畜逐字』（2469、2396）的一段話，但此種句式，在現所見諸章中出現甚少（除『漢兼』一章外，《蒼頡篇》的首章，即已在居延簡中發現的『蒼頡作書』之一章，開始的數句也屬陳述式），而且此類以陳述式組合排列的句式也并非貫穿于全章，而是與羅列式并存于一章中。」，據此可知北大本中屬於首章的簡尚未得到確認。

異主要限於分章等體裁方面。

（四）改編本將以培養世襲史官爲目的的秦本的分章形態，統一爲一章六十字的形式，以圖對沒有世襲基礎的更爲廣泛的學習者進一步提高教學效率，作爲其背景，可認爲當時存在著大量任用少吏的社會狀況。

（五）相對於如此的改編本，作爲貴族墓的隨葬書籍出土的未改編本，並非是爲了任用官吏而作的識字書，而是作爲具有多領域百科字彙性質的字書被接受狀況下來，傳承的目的與分章形態之間具有密切的關係。

　　如本文開頭所述，本章僅爲現階段基於筆者見解的初步性考察，以上五點，也自然包含有不少尚需愼重斟酌之處。今後，隨著北大本及水泉子本的公佈情況，還將進一步加以探討。

　　○圖版出處文獻
　　〔圖 1〕、〔圖 3〕、〔圖 5〕中國簡牘集成編集委員會編《中國簡牘集成》第十四冊　圖版選下（敦煌文藝出版社，2005 年）
　　〔圖 2〕羅振玉、王國維《流沙墜簡》小學術數方技書一（1934 年再版本・1993 年中華書局影印）
　　〔圖 4〕《國際漢學研究通訊》（2010 年第 1 期）封三「北京大學新獲西漢竹書蒼頡篇」

〔附記〕

　　2010 年 9 月 1 日，筆者作爲中國出土文獻研究會一員訪問了北京大學，並觀摩了一部分含《蒼頡篇》在內的北京大學藏西漢竹書，並承蒙以朱鳳瀚教授爲首的北京大學各位學者的不吝賜教，獲益良多。本章正是該次學術調查的成果之一。謹誌於此，以深表謝忱。

　　2012 年 10 月 12 日，又蒙臺灣國立清華大學中國文學系「出土文獻『用字習慣』講座」邀請，遂以〈漢簡《蒼頡篇》新資料的初步研究〉爲題，以本書第七章及第八章二篇拙稿進行了演講。演講後又獲各位列席者的提問並惠予寶貴的建議，成爲了筆者重新審視拙論問題點的難得良機。謹此對中國文學系主任劉承慧教授、黃冠雲教授（國立清華大學）、范麗梅教授（中央研究院中國文哲研究所）以及有關各位的隆情厚意及賜教表示深厚謝意。

第四部分　思想史、文字書法研究

第九章　清華簡〈尹誥〉在思想史上的意義

序　言

　　清華簡〈尹誥〉，相當於西漢惠帝末年（一說爲武帝時期）於魯的孔子舊宅壁中發現後並亡佚的，孔壁古文逸書十六篇中〈咸有一德〉一篇，被認爲是使長期以來內容不明的古文《尚書》真相大白的貴重資料。〔註1〕。在本章中，將以戰國時期的古文《尚書》和儒家思想的關係爲主對〈尹誥〉在思想史上的意義加以探討。

第一節　〈尹誥〉的思想

　　首先，基於《清華大學藏戰國竹簡（壹）》的圖版以及李學勤氏的釋文、注釋〔註2〕，並參考諸家觀點舉出筆者校訂的釋文。爲方便起見，將使用普通字體，【】內的數字爲竹簡編號。

> 惟尹既及湯咸有一德。尹念天之敗西邑夏曰：「夏自絕其有民，亦惟
> 蹶〔註3〕眾，非民亡與守邑。【1】厥辟作怨于民，民復之用離心，

〔註1〕　李學勤《清華簡九篇綜述》（《文物》2010年第5期），清華大學出土文獻研究
　　　　與保護中心編、李學勤主編《清華大學藏戰國竹簡（壹）》頁131（中西書局，
　　　　2010年）。
〔註2〕　《清華大學藏戰國竹簡（壹）》頁41～43、頁132～134（前註1）。
〔註3〕　原釋爲「厥」，今從廖名春〈清華簡〈尹誥〉篇補釋〉（Confucius2000網，2011

－149－

我翦〔註4〕滅夏。今后曷〔註5〕不監。」摯告湯曰：「我克協我友。今【2】惟民遠邦歸志。」湯曰：「嗚呼，吾何作〔註6〕于民，俾我眾勿違朕言。」摯曰：「后其賚之。其有夏之【3】金玉實〔註7〕邑，舍之吉言。」乃致眾于亳中邑。【4】

〈尹誥〉全篇爲112字的短篇，結合其中記載的伊尹與湯的言論以及兩者的關係，在其思想方面有以下兩點值得注意。

首先第一點，是從開頭部分伊尹的言語中體現出來的民本主義思想。伊尹分析了天使夏敗亡的原因，說「夏自絕其民，亦惟蹶眾，非民亡與守邑」，認爲夏的滅亡乃是桀自絕於民而招致的，只有民才是國之存立的基本。與今日所謂的民主主義不同，伊尹的意圖，僅是將其作爲一種政治手段，來論述民之歸服對君主的必要性。對於湯的如何才能使人們服從的提問，伊尹進言說要給予其夏之財寶。這種作爲政治手段的民本主義的性質，從伊尹的言語中也明確地表現了出來。

天使夏敗亡的原因，在於夏桀斷絕於民。伊尹如此的觀點，反過來又與保民乃是守衛國家最佳手段的民本主義結合在一起。因此，可以認爲〈尹誥〉的民本主義與天命思想具有表裏一體的關係。

第二點，是湯和伊尹特殊的君臣關係。〈尹誥〉中的伊尹，始終描寫爲對湯十分主動。例如，開頭的伊尹的話語中斷言「我翦滅夏」，即使「我」有「我們」的意思其中也包含有湯，其主體到底還是伊尹自身而已，話語的口吻似乎討伐夏桀主要還是由伊尹來進行一樣。而且，「今后曷不監」等對

年1月5日）。

〔註4〕原釋爲「捷」，今從復旦大學出土文獻與古文字研究中心研究生讀書會（執筆：鄔可晶、顧莉丹）〈清華簡〈尹至〉、〈尹誥〉研讀札記（附：〈尹至〉、〈尹誥〉、〈程寤〉釋文）〉（復旦大學出土文獻與古文字研究中心網站，2011年1月5日）。

〔註5〕原釋爲「胡」，今從復旦大學讀書會（前註4）。

〔註6〕原釋爲「祚」，今從廖名春氏（前註3）。

〔註7〕陳劍氏對原釋爲「日（實）」的簡4第三字的圖版字形擴大精察後，指出該字非「日」而爲「田」（〈清華簡〈尹至〉、〈尹誥〉研讀札記（附：〈尹至〉、〈尹誥〉、〈程寤〉釋文）〉（前註4）陳劍在2011-1-9 17：25：33評價道）。的確中央的橫劃，靠前部分延至下方看上去似豎劃，但類似現象，也散見於如簡2「句」字、簡3「湯」字、簡4「白」等，可認爲是由於〈尹誥〉書寫者橫劃起筆較強的筆法所致，也尚有豎劃並不存在的可能性。因該部分的竹簡受污，從圖版上很難明確判斷豎劃的有無，今從對原簡施以精查的原釋「日（實）」。

湯的批判，以及其後展開的對湯的進言，也是貫穿了親自主導湯來保持殷統治天下的強烈的使命感。

而對於伊尹，湯則顯得極爲被動。不但不能自鑒滅夏的原因，認識殷所處的現狀，而且對伊尹的忠告也「嗚呼，吾何作于民，俾我眾勿違朕言」，全面委託伊尹來進行解決並對其進言立刻遵從。湯被描寫爲一位順從的王的形象。此處所描寫的湯，絲毫看不出如《史記‧殷本紀》中記述的，德勇兼備的聖王的形象〔註8〕。

如此，在〈尹誥〉中的湯和伊尹之間，可以說具有按通常的君臣關係無法理解的特殊關係。在此需要重新注意的是，〈尹誥〉開頭部分的「惟尹既及湯咸有一德」一文。從上述的分析來看，該文雖看上去較爲唐突，卻是顯示了，伊尹和湯的關係是成立在「德之共有」這樣一個與通常的君臣關係不同層次上的重要前提。

第二節 〈尹誥〉與《孟子》的類似性

在前一節中從兩個觀點對〈尹誥〉的思想進行了探討，在此需要注意的一點是，在《孟子》中也可見到與此類似的思想。

首先就〈尹誥〉中的民本主義，與《孟子》的類似性進行考察。《孟子》中具有一種民爲政道之根本的民本主義一點，已有眾多先學予以指出〔註9〕。以下首先引用的，就是《孟子》中有名的表示民之尊貴的部分〔註10〕。

> 孟子曰：「民爲貴，社稷次之，君爲輕。是故得乎丘民而爲天子，得
>
> 乎天子爲諸侯，得乎諸侯爲大夫。……」《孟子‧盡心下》

以上是論述國家存立的優先順序的部分，從「得乎丘民而爲天子」之語可以明白，是說先要得到民之歸服才能確保君主的存在。這種觀點，與認爲滅夏的原因在於其斷絕於民，並論述說「非民亡與守邑」的〈尹誥〉同出一轍。

〔註8〕 如此與《史記‧殷本紀》相異的湯和伊尹的關係，不一定就全是虛構，有可能反映了一定的歷史事實。關於此點，參看松丸道雄〈關於偃師商城和伊尹關係的假說〉（《三代考古（三）》頁176～194，科學出版社，2009年）。

〔註9〕 參看金谷治《孟子》の研究——その思想の生い立ち〉（《東北大學文學部年報》第1號，1951年，《金谷治中國思想論集 中卷》頁13～50（平河出版社，1997年重收）等。

〔註10〕 以下《孟子》引用自《十三經注疏整理本孟子注疏》（北京大學出版社，2000年）。

以下來是論述滅夏、滅殷的原因的部分。

> 孟子曰：「桀紂之失天下也，失其民也。失其民者，失其心也。得天
> 下有道，得其民。斯得天下矣。得其民有道。得其心，斯得民矣。
>
> 得其心有道。所欲與之聚之，所惡勿施爾也。……」《孟子・離婁上》

將桀紂敗亡的原因歸於「失其民」，作爲獲得民心的手段認爲「所欲與之聚之，所惡勿施爾」的孟子的主張，與將滅夏的原因歸於「絕其有民」，並作爲平定民之反意使之聽從命令的方策而進言「後其賓之」的伊尹的主張，有顯著的類似性。《孟子》的民本主義，也與〈尹誥〉同樣，始終將其定位爲使民歸順的政治手段，說明了民本主義和天命思想具有表裏一體的關係。

其次再看第二點，湯和伊尹的特殊的君臣關係。首先，來看萬章與孟子關於伊尹仕於湯之原委的問答。

> 萬章問曰：「人有言。伊尹以割烹要湯。有諸。」孟子曰：「否，不
> 然。伊尹耕於有莘之野，而樂堯舜之道焉。非其義也，非其道也，
> 祿之以天下，弗顧也。繫馬千駟，弗視也。非其義也，非其道也，
> 一介不以與人。一介不以取諸人。湯使人以幣聘之。囂囂然曰，我
> 何以湯之聘幣爲哉。我豈若處畎畝之中，由是以樂堯舜之道哉。湯
> 三使往聘之。既而幡然改曰，與我處畎畝之中，由是以樂堯舜之道，
> 吾豈若使是君爲堯舜之君哉。吾豈若使是民爲堯舜之民哉。吾豈若
> 於吾身親見之哉。天之生此民也，使先知覺後知，使先覺覺後覺也。
> 予天民之先覺者也。予將以斯道覺斯民也。非予覺之而誰也。思天
> 下之民，匹夫匹婦，有不被堯舜之澤者，若己推而内之溝中。其自
> 任以天下之重如此。故就湯而說之，以伐夏救民。吾未聞枉己而正
> 人者也。況辱己以正天下者乎。聖人之行不同也。或遠或近，或去
> 或不去。歸潔其身而已矣。吾聞其以堯舜之道要湯。未聞以割烹也。
>
> 伊訓曰，天誅造攻，自牧宮，朕載自亳。」《孟子・萬章上》

對於萬章問及的「伊尹以割烹要湯」這個歷史傳承的眞偽，孟子立即對此予以否定，並且斷言是湯進行了三次邀請，才終於使耕於有莘之野的伊尹答應下來，而絕不是由伊尹去取悅於湯〔註11〕。孟子所說的伊尹言語中包含的「天

〔註11〕 伊尹本爲廚子，也見於《墨子・尚賢中》、《墨子・尚賢下》、《莊子・庚桑楚》、《呂氏春秋・本味》中，可知在戰國期有廣爲流行的形跡。萬章的疑問，也恐怕就是以此爲背景的。另外，有關伊尹的傳承，參看蔡哲茂〈伊尹傳說的

民之先覺者」的強烈自負，與〈尹誥〉中伊尹的意志相符，〈尹誥〉中描寫的伊尹對於湯的行為，也可看作是為了「使是君為堯舜之君」而進行的具體的實踐。

下面，是顯示了孟子是如何理解湯和伊尹之君臣關係的部分。

（孟子）曰：「……天下有達尊三。爵一，齒一，德一。朝廷莫如爵，鄉黨莫如齒，輔世長民莫如德。惡得有其一以慢其二哉。故將大有為之君，必有所不召之臣，欲有謀焉則就之。其尊德樂道，不如是，不足以有為也。故湯之於伊尹，學焉而後臣之，故不勞而王。桓公之於管仲，學焉而後臣之，故不勞而霸。今天下地醜德齊，莫能相尚，無他。好臣其所教，而不好臣其所受教。湯之於伊尹，桓公之於管仲，則不敢召。管仲且猶不可召，而況不為管仲者乎。」《孟子·公孫丑下》

本來是自己慾參朝，卻不應齊王之召的孟子的行為，乃是違反了君臣之禮。對景子的如此批判，孟子說與君主有召則應的通常的君臣關係相異，還存在有特別的君臣關係，並舉出湯與伊尹、桓公與管仲的例子，慾將自己的行為正當化。不過對於斷定「五霸者三王之罪人也」《孟子·告子下》的孟子來說，說霸者桓公和管仲的關係為「管仲且猶不可召，而況不為管仲者乎」，只是為了引證孟子自己為「所不召之臣」而已，孟子認為最理想的，還是王者湯和伊尹之間的關係。

「故將大有為之君，必有所不召之臣，欲有謀焉則就之」，是與將問題的解決全面委託給伊尹的湯的形象相重合之語，從孟子「故湯之於伊尹，學焉而後臣之，故不勞而王」的話語中，可以看出對湯成為天下之王起到了實質性作用的正是伊尹的觀點。

從以下對孔子以及夏之益、殷之伊尹、周之周公之所以未擁有天下的理由的說明部分，可以更加明確理解孟子對伊尹的看法。

孟子曰：「……匹夫而有天下者，德必若舜禹，而又有天子薦之者。故仲尼不有天下。繼世以有天下，天之所廢，必若桀紂者也。故益、伊尹、周公不有天下。伊尹相湯，以王於天下。湯崩，太丁未立，外丙二年，仲壬四年。太甲顛覆湯之典刑。伊尹放之於桐三年，太

研究〉（《中國神話與傳說學術研討會論文集 上冊》頁 243～275，漢學研究中心，1996 年）。

> 甲悔過，自怨自艾，於桐處仁遷義三年，以聽伊尹之訓己也，復歸
> 于亳。周公之不有天下，猶益之於夏，伊尹之於殷也。孔子曰：唐
> 虞禪，夏後殷周繼。其義一也。」《孟子・万章上》

孟子認為，一介平民能夠擁有天下的條件，必須具備如舜禹等擁有天下者的德，以及天子的推薦等兩個條件，孔子未能擁有天下，是因為沒有作為第二個條件的天子的推薦。繼而，由血緣相續而成為天下的擁有者，除非桀紂等暴虐之徒，天是不會刻意去廢除的，因此益、伊尹、周公未能擁有天下。

結合前段有關孔子的論述來看，益、伊尹、周公也當然是以如舜禹般有德為前提的，就德而言他們具備了第一個條件，但因為所仕之君並非如桀紂般的暴虐之徒，因而未能擁有天下。因此，接下來後段中伊尹流放太甲並使之復位的有關記述，可以認為是舉出顛覆湯的典刑的太甲為例，欲從歷史的角度證明除非桀紂般暴虐天是不會輕易棄之不顧的。

孟子在如此說明孔子未擁有天下的理由的同時，就孔子所尊敬的周公未擁有天下的理由也從夏殷周三代的歷史事實來進行了說明。

在此需注意的，是將伊尹定位為與益以及周公同為兼備王者之德而未擁有天下一點。將伊尹看做有德者的孟子的觀點，與〈尹誥〉中所述的「惟尹服及湯咸有一德」，即認為伊尹與湯同德的觀點相符，兩者均具有將伊尹與湯抬高至同等位置的共同意圖。

如此可認為〈尹誥〉與《孟子》之間具有顯著的類似性，這種現象，顯示了在兩者之間存在有某種影響關係。如此一來，〈尹誥〉和《孟子》之間的先後關係就成為了問題。在下節中為了究明此點，將就〈尹誥〉的成立時期進行考察。

第三節　〈尹誥〉的成立時期

在考察〈尹誥〉的成立時期之際首先應作為基準的，是清華簡的年代。清華簡的年代，根據使用無字竹簡進行碳14年代測定以及樹輪校正的結果，推定為公元前305±30年，也即是公元前335年至公元前275年〔註12〕。因為從竹子的採伐經竹簡的加工到書寫，並不會產生長期的時間間隔，因此可以認為該年代大致上就是書寫年代的一個基準。

〔註12〕《清華大學藏戰國竹簡（壹）》頁1～4（前註1）。

　　另一方面，從《孟子》七篇的分析可知孟子確切的活動時期，是在會見梁惠王的公元前 320 年至會見魯平公失敗的公元前 305 年間的十六年之間〔註 13〕，《史記・孟子荀卿列傳》記載，其後歸至鄉里鄒後與弟子萬章等一同整理《詩》、《書》進行《孟子》七篇的述作，其生卒年大致可推定為公元前 370 年至公元前 290 年間〔註 14〕。

　　因此，清華簡與孟子幾乎是書寫於同一時代的文本，考慮到原本從成立到流傳的期間，清華簡原本成立的時期可上溯到孟子以前的可能性極高。而且郭店簡以及上博簡的〈緇衣〉中稱引〈尹誥〉一點，也有力地證明了這個推測。

　　出土郭店簡的郭店一號楚墓的下葬年代，從墓葬形態及附葬品的分析，可推定為約公元前 300 年左右，從碳 14 年代測定的結果也可證明此點。而且從湖北省的楚墓盜掘的上博簡，根據碳 14 的年代測定，也推定為與郭店簡的書寫幾乎為同一時期。

　　《禮記・緇衣》，據傳是與〈中庸〉、〈表記〉、〈坊記〉等包含於〈子思子〉中的，而〈緇衣〉原本據推測也是成立於子思學派的據點魯。因此，考慮到〈緇衣〉的文本流傳到楚後入墓主之手並作為其隨葬品埋入墓中的期間，則〈緇衣〉原本的成立，可認為是在戰國前期（公元前 403 年～公元前 343 年）或該時期以前〔註 15〕。而且被〈緇衣〉稱引的〈尹誥〉的成立還可上溯到更早就是自明之理了，可以說〈尹誥〉存在于孟子之前應該是毫無疑問的。

　　在此重新需要注意的是，〈尹誥〉與〈緇衣〉的學派的共同性問題。〈尹誥〉屬於《尚書》一點，從〈緇衣〉稱引「尹誥」這個名稱就可以明白，並且從〈尹誥〉是在魯的孔子舊宅壁中發現的孔壁古文《尚書》中〈咸有一德〉一篇的事實也可以明確證明。而且〈緇衣〉的稱引與出於魯之孔壁這兩個事實，也提示了〈尹誥〉是與子思學派具有很深關聯的書篇。因此如從學派的共同性這一點來看，還有必要考慮到兩者的成立時期比較接近的可能性。

〔註 13〕武內義雄《孟子》（《岩波講座世界思潮》第五冊，1928 年，《武內義雄全集第二卷》頁 452～459（角川書店、1978 年再次收錄），金谷治《孟子》の研究——その思想の生い立ち）（前註 9）。

〔註 14〕參看貝塚茂樹《孟子》頁 39～40（講談社，2004 年）。

〔註 15〕關於〈緇衣〉的成立時期，參看淺野裕一〈郭店楚簡〈緇衣〉的思想史意義〉（淺野裕一著、佐藤將之監譯《戰國楚簡研究》第四章，頁 57～82，萬卷樓，2004 年）。

這樣，〈尹誥〉的成立時期的下限就可認為大約是在戰國前期，那麼上限該設定到什麼時期？為了探討這個問題，需要注意〈尹誥〉中的對話形式。「尹念天之敗西邑夏曰」導出的伊尹最初的言語，從其內容以及末尾的「今后曷不監」一語可見，乃是對湯而言的。但卻沒有記載湯的答覆，後又轉換為「摯告湯曰」的伊尹和湯的對話場面。由此來看，最初的伊尹的言語，並不是如後段湯在前的兩者的直接對話，而應該理解為是對滅夏後殷所面臨的問題的，伊尹的獨白抑或自問。〈尹誥〉以伊尹的如此獨白為契機，展開了「摯告湯曰」→「湯曰」→「摯曰」等兩者的直接對話。

另外，以與〈尹誥〉具有相同「誥」字名稱的書篇為主，大致概觀一下《尚書》的形式就會發現，屬於最古老的〈周書〉的五誥中，在王與臣下交替進行交流的形式上，周公與成王登場的〈洛誥〉與〈尹誥〉比較接近。但是，並不是如〈尹誥〉如實反映了直接對話的形式，在〈洛誥〉中兩者的語言是先做一定的總結後再進行交替敘述。而且文體也使用《尚書》特有的莊重晦澀的表現，說明了其資料乃是來自周王室史官的記錄〔註16〕。以下作為參考且引用一下〈洛誥〉的開頭部分〔註17〕。

> 周公拜手稽首曰：「朕復子明辟。王如弗敢及天基命定命，予乃胤保，大相東土，其基作民明辟。予惟乙卯，朝至于洛師。我卜河朔黎水，我乃卜澗水東、瀍水西，惟洛食。我又卜瀍水東，亦惟洛食。伻來以圖及獻卜。」

> 王拜手稽首曰：「公不敢不敬天之休，來相宅，其作周匹休。公既定宅，伻來，來視予卜休恒吉。我二人共貞。公其以予萬億年敬天之休。」

從這些不同點可以認為，〈尹誥〉中的直接對話體，動搖了作為史官記錄的《尚書》的傳統，與具有《論語》等問答體的篇章混入到書篇中的時期相當，其成立時期的上限可認為是在孔子沒後的春秋末期。

與此有關還需要注意的是，〈尹誥〉的名稱問題。如從〈緇衣〉的稱引可以得知，〈尹誥〉在戰國前期已經具備附有「誥」的名稱。另外，如諸多先學所指出的，書篇的大部分都具有君王誥命之辭的性質，這與上述作為王室史

〔註16〕 有關書篇的體例以及性質，參看陳夢家《尚書通論（增訂本）》（中華書局，1985年）中收錄〈王若曰考〉頁146～170，〈論尚書体例〉頁309～323。
〔註17〕 《十三經注疏整理本尚書正義》頁477～479（北京大學出版社，2000年）。

官記錄《尚書》的本質有密切的聯繫。與此相對，〈尹誥〉則是記載了伊尹與湯在滅夏後就民的應對問題進行的問答，到底難以看成是誥命之詞。如此內容和篇名之間發生的齟齬，正提示了〈尹誥〉的篇名，很明顯是在比〈周書〉五誥等更晚的時期，爲了將其定位爲書篇而人爲附加上去的〔註18〕。

　　綜合本節的考察結果，〈尹誥〉的成立時期，大致可推定爲是在春秋末期到戰國前期之間。

第四節　《尚書》對孟子思想形成的影響

　　根據前節的考察，〈尹誥〉存在於孟子之前，幾乎已成定論。本節中，從《尚書》對孟子思想形成的影響這個角度，重新對〈尹誥〉的意義加以考察。

　　如上所述，孟子的事蹟具體上有跡可循的，是在其已經確立了自己的思想並遊說諸國的時期，而在其前期所謂思想形成時期的事蹟卻幾乎不爲人知。其中唯一的線索，就是《史記‧孟子荀卿列傳》中孟子受教於子思門人的記述。而且該記述的可靠性，從被認爲是子思學派著作的《禮記》中〈中庸〉、〈表記〉、〈坊記〉、〈緇衣〉等諸篇及郭店簡〈五行〉、〈六德〉、〈性自命出〉、上博簡〈性情論〉等與《孟子》的思想具有的類似性上，也得到了證明〔註19〕。

　　如此孟子在其思想的形成時期就被認爲是受到了子思學派的影響，而在與子思學派的關係中需注意的是，在《孟子》所引用的《尚書》中除〈周書〉以外還多見有〈商書〉一點。

　　毋庸多言，重視《詩》、《書》是以孔子爲首的儒家的傳統，在儒家系列的文獻中對《詩》、《書》的引用絕不少見。不過，這種引用在時代和思想內容方面是具有一定傾向性的。就目前的《尚書》的引用問題來看〔註20〕，例如《荀子》中〈周書〉有十三條而〈商書〉只有一條，相比之下，在《孟子》中〈周書〉有八條而〈商書〉則有十條。宣揚革命思想的孟子，對記載有完成最早武力革命的湯和伊尹事蹟的〈商書〉感興趣，可以說是理所當然的。

〔註18〕從《孟子》稱引的〈康誥〉的例子也可得知，在戰國前期已有附加「誥」的篇名。

〔註19〕關於此點，參看淺野裕一《諸子百家》頁144～148，第五章「五，孟子與子思學派」（講談社，2004年）。

〔註20〕以下《尚書》引用數的統計，參看松本雅明《春秋戰國における尚書の展開》（風間書房，1966年）。

但應當注意的是，在子思學派著作的《禮記·緇衣》中，〈周書〉有八條而〈商書〉有六條，可以說也具有同樣的傾向。

固然，僅憑《尚書》的引用數字還難以把握學派的性質，但至少從《禮記·緇衣》中有不少對〈商書〉的引用這個事實，可以看出子思學派具有〈商書〉與〈周書〉都是應該重視的書篇這樣一個觀點。從《孟子》的引用上，也完全可以看做是反映了子思學派的這種觀點〔註21〕。因此，在前節中所指出的〈尹誥〉與子思學派的密切關係，也可以定位在子思學派重視〈商書〉這個文脈上。《孟子》和〈尹誥〉以子思學派爲紐帶緊密結合在一起，這樣看來孟子讀過〈緇衣〉中稱引的〈尹誥〉的可能性極大。

以下就從孟子思想的形成這個觀點，從新將〈尹誥〉的意義總結爲兩點。

第一點，是具有將湯和伊尹武力討伐夏桀看做天命的易姓革命說的觀點。孟子易姓革命說的形成受到《尚書》的影響一點，已經通過考察《孟子》中引用書篇的逸文被指出過〔註22〕，但其實際狀況並不十分明瞭。〈尹誥〉的發現，在首次證明了兩者的影響關係一點上具有很重要的意義。而且在〈尹誥〉還具有與孟子的易姓革命說表裏一體的民本主義思想。這樣就再次證明了孟子的易姓革命說的基本框架，已經以明確的形式存在於春秋末期到戰國前期成立的書篇中了。

第二點，是具有一種將伊尹看做與湯同爲有德者的素王說的觀點。從第二節中引用的〈萬章上〉篇的記述中可以得知，孟子設定了益——伊尹——周公這樣一個系列，並說明他們在德的方面充分具備了作爲天下之王的資格，但只是因爲偶然的天運不佳而沒有成爲王。如此將王之輔佐者視爲素王的儒家的觀點，可以說是首先被適用於孔子所尊敬的周公，然後由此上溯樹立了伊尹和益的系譜。在此需要重視的是，從前面引用過的孟子的言語中可以得知，儒家素王說最重要的一點，在於合理地說明了孔子沒有成爲王的理由，因此，可以認爲〈尹誥〉中的伊尹素王說顯示了，從作爲其前提的周公

〔註21〕 内藤湖南〈尚書稽疑〉（《研幾小錄》所收，《内藤湖南全集第七卷》頁9～123，筑摩書房，1970年），關於《尚書》的成立過程，其認爲「初因孔子及其門下以周的全盛爲理想，由此而生出繼承周之傳統的以魯爲王的思想，接著又由孔子推尊素王而生出尊殷思想」（原文爲日文），指出〈商書〉的成立，是以親口說「丘也殷人也」（《禮記·檀弓上》、《史記·孔子世家》）的孔子的出身爲背景的。如從此觀點，〈商書〉的述作自身，可以說是明確顯示了孔子沒後的儒家的志向。

〔註22〕 參看松本雅明《春秋戰國における尚書の展開》頁193～284（前註20）。

素王說聯繫到孔子素王說的想法，在孟子以前的階段已經存在了〔註23〕。而且進一步還可以認為，〈尹誥〉開頭部分「惟尹既及湯咸有一德」的「咸」，其言外之意則包含了具有天下之王資格的有德者們。

結　語

　　在本章中，就清華簡〈尹誥〉在思想史上的意義進行了考察。可以認為，《尚書》首先是以〈周書〉五誥等為中心的可上溯至西周時期的原始部分為核心，之後又加上時代較為古老的〈商書〉、〈夏書〉、〈虞書〉等諸書而成立的。《詩》、《書》的整理被認為是始於孔子，但其傳統則是由孔子的後學加以繼承，作為通過歷史事實證明儒家的正當性的一個有力手段，推進了書篇的加入與增修。其中起到核心作用的，正是魯的子思學派。《史記‧孟子荀卿列傳》中有「退而與萬章之徒序《詩》、《書》，述仲尼之意，作《孟子》七篇」，把《詩》、《書》的整理與《孟子》七篇的述作進行同時記述，也顯示了如此傳統經子思學派被孟子繼承了下來。而且，「盡信《書》，則不如無《書》」《孟子‧盡心下》中孟子的批判，也反過來說明了《尚書》不過是為證明儒家的正當性的一個手段而已。

　　但是，從春秋末期至戰國時期成立的書篇大多已經亡佚，傳存下來的也是後代的偽作即偽古文，其實際情況不是十分明瞭。〈尹誥〉在具體顯示了孟子之前這段幾乎是空白時期書篇的實際狀況的同時，在明確其對儒家思想的開展上給予了何等影響方面，也具有極為重要的意義。

　　最後，就孔壁古文十六篇的性質提出筆者的私見，來結束本章。孔子舊宅壁中發現的古文《尚書》中，在今文《尚書》二十九篇里沒有的十六篇為，〈舜典〉、〈汨作〉、〈九共〉、〈大禹謨〉、〈益稷〉、〈五子之歌〉、〈胤征〉、〈湯誥〉、〈咸有一德〉、〈典寶〉、〈伊訓〉、〈肆命〉、〈原命〉、〈武成〉、〈旅獒〉、〈冏命〉等諸篇〔註24〕，而現存的全部為偽古文，其內容長期不明。此次，相當于其中一篇的〈尹誥〉的發現，首次使孔壁古文十六篇內容的一端真相大明。

〔註23〕有關孔子素王說的形成過程，參看淺野裕一《孔子神話——宗教としての儒教の形成》（岩波書店，1997 年），淺野裕一〈〈君子為禮〉と孔子素王說〉（淺野裕一著、佐藤將之監譯《上博楚簡與先秦思想》第三章，頁 55～81，萬卷樓，2008 年）。

〔註24〕參看《十三經注疏整理本尚書正義》頁 24（前註 17）。

　　如本章第三節中所指出的，〈尹誥〉的成立時期可推定爲春秋末期至戰國前期之間。雖然〈商書〉的成立過程的詳細尚且不明，但大致上可認爲，先是向諸侯宣言放伐夏桀而王天下的〈湯誓〉與有關太甲的即位以及流放、復位的〈伊訓〉、〈太甲〉等〈商書〉的中心篇章依次成立，其後以對其進行補充的形式進行了諸篇的增修。按照這個推測，〈尹誥〉屬於〈商書〉中後來增修的諸篇的可能性很大。此點從主要將重點置於天命和保民思想方面，而作爲歷史事實的存在意義極爲稀薄的〈尹誥〉的性質上也可得知。

　　進一步想像一下的話，如此〈尹誥〉的時代的滯後性，難道不是孔壁古文十六篇在基本上共同具備的性質嗎？可以推測，儘管具有孔壁出土的來歷，但漢代古文家們沒有對其加注以確保其與今文《尙書》相比肩的地位，而任其消失在歷史彼岸的最大的原因，是因爲其在內容和形式、文體等諸點上與其他書篇懸隔甚大，而難以作爲《尙書》存續下去的吧。

〔附記〕

　　2009 年 9 月 1 日，筆者作爲戰國楚簡研究會一員訪問了北京的清華大學，在觀摩了部分清華大學藏戰國竹簡後，還承蒙以李學勤教授爲首的清華大學的各位學者的不吝賜教，受益良多。本章正是該次學術調查的成果之一。謹誌於此，以深表謝忱。

第十章 「氵」（三點水）考

序 言

戰國時期「水」偏旁表示爲三根短橫，被認爲是所謂三點水的用例，現階段僅限於秦系資料，此外的資料均與單體的「水」字相同，作如流水形狀的繁體川。雖因資料有限無法立斷，但此種情況顯示了三點水有可能是在秦獨自成立的俗體。另外，即使是在與六國文字相比具有強烈的保守性的秦文字當中，三點水也是例外的變化顯著的俗體〔註1〕，可以認爲在把握秦隸的性質上，三點水是一個關鍵。

本章在此意圖的基礎上，以戰國時期的出土文字資料爲中心，對三點水的實態以及其成立過程加以考察。

第一節 秦系資料中三點水的狀況

一、銅器銘文以及簡牘資料中的三點水

在戰國後期的秦，以三點水爲首的俗體的廣爲流行，已有先學予以指出〔註2〕。本節中將對有關秦系資料中三點水的狀況，以銅器銘文與簡牘文字爲中心加以探討〔註3〕。

〔註1〕 裘錫圭〈殷周古代文字における正體と俗體〉（日文）頁115～118（《シンポジウム中國古文字と殷周文化甲骨文、金文をめぐって》東方書店，1989年）。
〔註2〕 參看裘錫圭〈從馬王堆一號漢墓「遣冊」談關于古隸的一些問題〉（《考古》1974年第1期），裘錫圭《文字學概要》頁67～72（商務印書館，1988年）。
〔註3〕 在戰國時期的秦系資料中，此外還有璽印及陶文等，戰國時期三點水的通行，

　　首先將在銘文中有三點水用例的秦銅器按年代先後排列如下（單引號爲
用例）〔註4〕。

　　①四年相邦樛游戈「游」（惠文王四年・公元前 334 或惠文王更元四年・
　　　公元前 321）

　　②十二年上郡守壽戈「漆」「洛」（昭襄王十二年・公元前 259）

　　③高陵君鼎「游」（昭襄王十五年・公元前 292）

　　④十五年上郡守壽戈「漆」（昭襄王十五年・公元前 292）

　　⑤二十五年上郡守厝戈「洛」（昭襄王二十五年・公元前 282）

　　⑥二十七年上郡守趙戈「漆」（昭襄王二十七年・公元前 280）

　　⑦四十年上郡守起戈「漆」（昭襄王四十年・公元前 267）

　　⑧二年上郡守冰戈「沐」（莊襄王二年・公元前 248）

　　⑨二年寺工壺「浸」（莊襄王二年・公元前 248）

　　⑩二十二年臨汾守們戈「汾」（秦王政二十二年・公元前 225）

　　以上均爲草率鏨刻之物，具有近似手寫的性質〔註5〕。現在戰國中期的①
四年相邦樛游戈的「游」字爲最古的三點水，雖年代各異，但可以認爲在戰
國後期已基本開始統一使用三點水。

　　從銘文上的鑄造機關進行整理可以推定，①、⑨屬中央系統，②、④～
⑧、⑩屬地方（郡）系統，③則製造於高陵君的私人工坊〔註6〕。因秦的銅器
本身較少加之又限定在含有「水」偏旁文字的銘文一個極爲有限的範圍之內，
所以還不能單純下結論，但是，雖鑄造機關不同卻共同認可三點水的使用這

從這些資料中也可得以證明。只是因多數璽印及陶文難以把握年代，在本章
中主要以銅器銘文及簡牘資料爲中心加以探討。

〔註4〕以下，銅器銘文中三點水的用例調查，是依據王輝編著《秦銅器銘文編年集釋》
（三秦出版社，1990 年），王輝、程學華《秦文字集證》（藝文印書館，1999 年）。

〔註5〕只是，並非草率的鏨刻均使用三點水，例如秦代權量銘的「濬」字，無論如
何潦草的鏨刻也存在始終使用繁體的例子（參看裘錫圭《文字學概要》頁 72）。
如此相違的起因或許在於銘文的性質。即，武器及容器的銘文具有如顯示製
作工坊的符牒的性質，而對此權量銘則承擔了統一度量衡這個國家性通告的
功能，無論如何簡單鏨刻，在表面上到底還是正體，所以在與俗體之間存在
顯著的形體上的相異的「水」偏上，就更要用繁體了。如果此推測無誤，「水」
偏的表記則可作爲判別銘文刻者用字意識的一個基準。

〔註6〕有關秦銅器的鑄造機構，請參看角谷定俊〈秦における青銅工業の一考察──
工官を中心に〉（《駿台史學》第 55 號，1982 年），江村治樹《春秋戰國秦漢時
代出土文字資料の研究》頁 242～251（汲古書院，2000 年）。

個事實，說明了最遲在戰國後期秦三點水已作爲公用俗體而被通用。

下面來看簡牘文字的用例。所用於分析資料如下所示〔註7〕。

①青川郝家坪秦牘（武王二年～四年・公元前 309～公元前 307）

②睡虎地秦簡（戰國後期～秦代・公元前 256～公元前 217）

③天水放馬灘秦簡（戰國末～秦代・公元前 239 以後）

④里耶秦簡（戰國後期～秦代・公元前 222～公元前 208）

⑤周家台秦簡（秦代・公元前 213～公元前 209）

⑥龍崗秦簡（秦代末期）

秦簡均由秦隸所書，從與同時期的秦始皇刻石以及權量銘等的比較可知，對於正體的小篆，簡牘中基本上使用俗體的秦隸。在現在最古的秦簡①青川郝家坪秦牘中，具有與秦始皇時期的簡牘文字共同的明瞭的秦隸樣式，秦隸最遲到戰國中期結束之際確定了基本的樣式〔註8〕。就「水」偏旁來看，①中被認定爲「水」偏旁的兩例（「波」、「津」）均使用了三點水，②～⑥中用例也被認可，證明了從戰國中期末期到秦代通行三點水。

只是需要注意的是，②④⑤⑥中與三點水同時也使用繁體的「水」偏旁，根據資料的不同有所偏重一點。具體的數值（以下，引號內爲「水」偏旁的總用例數）爲，②睡虎地秦簡（八十三例）、⑥龍崗秦簡（十六例）各有繁體一例其他均爲三點水，相反⑤周家台秦簡（六十二例）中三點水爲四例其他均使用繁體。④里耶秦簡雖僅公佈了一部分，但據管見的圖版所示繁體居多而三點水爲少數。

〔註7〕　本章的秦簡分析，乃是基於以下資料。

・四川省博物館、青川縣文化館〈青川縣出土秦更修田律木牘──四川青川縣戰國墓發掘簡報〉（《文物》1982 年第 1 期）。

・睡虎地秦墓竹簡整理小組《睡虎地秦墓竹簡》（文物出版社，1990 年）。

・劉信芳、梁柱編著《雲夢龍崗秦簡》（科學出版社，1997 年）。

・湖北省荊州市周梁玉橋遺址博物館編《關沮秦漢墓簡牘》（中華書局，2001 年）。

・湖南省文物考古研究所編著《里耶發掘報告》（岳麓書社，2007 年）。

・甘肅省文物考古研究所編《天水放馬灘秦簡》（中華書局，2009 年）。

另外，近今年公開了一部分圖版的岳麓書院秦簡，陳松長〈岳麓書院所藏秦簡綜述〉（《文物》2009 年第 3 期）所載圖 8〈數書〉及圖 13〈秦令雜抄〉等中可見有三點水的用例。

〔註8〕　青川木牘的秦隸樣式，請參看拙稿〈戰國簡牘文字之兩種樣式〉（福田哲之著，佐藤將之、王綉雯合譯《中國出土古文獻與戰國文字之研究》第七章，頁 159～184，萬卷樓，2005 年）。

　　那麼從戰國末期到秦代的秦簡中的這種混在現象，該如何理解？據前述的銅器銘文分析可知，秦最遲在戰國中期開始使用三點水，戰國後期以後，一直佔據了通行體的位置。如從秦多達百餘年的三點水的傳統的角度來看，很難解釋從戰國末期到秦代活動的地道的秦人，在書寫簡牘之際故意使用書寫費力的繁體的必然性。

　　然而，這也只不過僅限秦人的狀況，就現在所知的戰國時期的文字資料來看，可以想像到對其他國家的人來說，三點水是具有極大的不協調性的俗體。本來現在我們可見到的戰國文字，無論從地域或數量上均極為有限，因而斷定秦以外的諸國並無使用三點水是非常危險的。但至少在楚，迄今得以確認的從戰國中期到後期的楚墓出土簡牘文字中並無一例三點水，一貫僅使用繁體，所以可認為通常並不存在使用三點水的書記習慣。

　　在此可供參考的是，考察在秦佔領下楚人言語活動狀況的大西克也氏的研究。大西氏主要從句末語氣助詞「殹」、「也」的交替的觀點加以分析，指出睡虎地秦簡〈日書〉甲種中具有將原文「醫」誤寫為「也」的例子，推測說：「抄手乃是平時使用「也」，在作文時不得不常意識到「殹」相當於楚的「也」的舊楚人吧」〔註 9〕。〈日書〉甲種的有關部分（一四八參）是用秦隸樣式書寫，當時，在書法方面一面學習秦隸，另外對秦的用字習慣尚無完全同化的楚人雖少但仍舊存在。根據現在所知秦簡的大部分是從舊楚地出土一點，可以認為很有可能大多使用繁體「水」偏旁的秦簡抄手為楚人。

　　從該點出發重新注意到的是，③天水放馬灘秦簡（八十八例）中並無僅有三點水的繁體「水」偏旁用例一點〔註 10〕。具有三點水與繁體混在現象的②④⑤⑥均為從舊楚地的湖北省以及湖南省出土，而相比之下，僅③為從秦故地甘肅省天水出土。從如此出土地的差異，可以認為僅有三點水的③天水放馬灘秦簡用例，正直接反映了秦人的書記習慣。

　　一方面，作為具體顯示了秦佔領下楚人的「水」偏旁書寫方式狀況的資料引起關注的是，馬王堆漢墓帛書〈式法〉（舊名〈陰陽五行〉甲篇）。〈式法〉成立於楚，據推定為秦始皇統一時期楚人書寫的文獻，雖試圖轉換為秦文字

〔註 9〕 大西克也〈「殹」「也」の交替——六國統一前後に於ける書面言語の一側面〉頁 9（《中國出土資料研究》第 2 號、1998 年，原文為日文）。

〔註10〕 據《天水放馬灘秦簡》（前注 7）的釋文，「水」偏的用例數總計 104，因有圖版不鮮明而難以充分確認的例子，所以在此顯示的數值中已將其除去。

但隨處呈露出已習得的楚文字〔註 11〕。因帛質非常脆薄，斷裂爲三十余大片及眾多碎片復原極爲困難，其全貌雖未公開，管見的十八枚圖版中，具有共十二例「水」偏旁，其中十例爲繁體，兩例爲用三點水書寫。在以上考察的基礎上，繁體爲楚人抄手原本習得的楚的寫法，而三點水爲新習得的秦的寫法，〈式法〉中兩者的混在，可以認爲是伴隨秦的合併產生的從楚文字轉換到秦文字中產生的現象。在秦簡中所見的三點水與繁體的混在現象，恐怕也是由抄手書記習慣的差異而引起的。

二、秦駰玉版中的三點水

通過前節中的考察，指出了可認爲在戰國後期的秦，三點水作爲通行體已經確立。但戰國中期的狀況，用例也僅限於四年相邦樛游戈及青川郝家坪秦牘等極少數，尚難以完全把握。在本節，作爲揭明戰國中期三點水的實際情況的一環，將就秦駰玉版進行分析。

秦駰玉版據傳爲從陝西華山下鄉村出土的兩件（甲、乙）玉版（出土年代不明）。兩者同文，秦的曾孫駰爲病體痊癒向華大山祭告的內容記於兩面，甲版正面爲鐫刻，背面爲朱書，乙版正、背兩面均爲朱書。只是，因兩版從照片圖版均難以完全把握字跡，在分析時不得不主要依據摹本，在細微部分的考察有所侷限。

首先是秦駰玉版的時代問題。關於此點先學的觀點有所分歧。依管見可分爲以下五說〔註 12〕。

〔註 11〕有關〈式法〉中有楚文字混入一點，請參看李學勤《古文字學初階》頁 60（中華書局，1985 年）、陳松長〈帛書《陰陽五行》甲篇的文字識讀與相關問題〉（《簡帛語言文字研究（第一輯）》2002 年，巴蜀書社）。

〔註 12〕有關各家見解的詳情請參看以下論考。
　・李零〈秦駰禱病玉版的研究〉（《國學研究》第 6 號，1999 年，《中國方術續考》東方出版社，2000 年再收錄）。
　・李學勤〈秦玉牘索隱〉（《故宮博物院院刊》2000 年第 2 期）。
　・李家浩〈秦駰玉版銘文研究〉（《北京大學中國古文獻研究中心集刊》第 2 號，2001 年）。
　・王輝〈秦曾孫駰告華大山明神文考釋〉（《考古學報》2001 年第 2 期）。
　・曾憲通、楊澤生、肖毅〈秦駰玉版文字初探〉（《考古與文物》2001 年第 1 期）。
　・周鳳五〈秦惠文王禱祠華山玉版新探〉（《中央研究院歷史語言研究所集刊》第 72 本第 1 分，2001 年）。

> ・公元前 311（惠文王末年）……李學勤、李家浩
> ・惠文王期……周鳳五
> ・公元前 256〜公元前 246……李零
> ・公元前 255〜公元前 221……王輝
> ・公元前 249〜公元前 247……曾憲通

　　李學勤氏，從玉版中記載的其作者秦君之名「駰」與傳世文獻所記秦惠王之名「駟」的字形類似，認爲文獻的「駟」乃是「駰」的誤寫，從內容上所知的篤重病情，可推定玉版的年代爲惠文王所卒年代的惠文王末年（公元前 311）。李家浩氏的論據也基本同樣，在指出字形類似引起的人名誤寫，也散見於其他的文獻資料中的同時，還從《呂氏春秋・去宥》中所記惠文王「飾鬼以人」的逸話，以及從惠文王對神靈詛咒敵對的楚懷王爲內容的的詛楚文的存在等，認爲惠文王作爲迷信鬼神的人物而有名，證明了將「駰」比爲惠文王的妥當性。另外周鳳五氏，以玉版中所見「曾孫」及「毓子」等的自稱的性質以及以禱祠對象爲主加以探討，認爲作者爲秦國在位的國君一點不容置疑，並同樣從「駰」與「駟」的誤寫觀點提出了惠文王說。

　　另外，王輝氏舉出以下三點反證，認爲惠文王說不能成立。

　　（一）考慮華山歸秦領的時期與從玉版中「王室」之語得知的稱王以後
　　　　　的時期，可推斷當時惠文王爲三十余歲，不可能在玉版中自稱「毓
　　　　　子」（幼子）。

　　（二）玉版中的「東方之士，生爲刑法」中所見的稱讚商鞅變法的言辭，
　　　　　不似怨恨商鞅的惠文王的口吻。

　　（三）玉版文字全體的風格近於惠文王時期的封宗邑瓦書（惠文王四年・
　　　　　公元前 334）及詛楚文（惠文王更元十二年・公元前 313），但在數
　　　　　個文字上又有不同，近似秦昭襄王晚期至秦始皇時期的寫法。

　　但關於（一），已有諸家予以指出的「毓子」與「小子」同樣，是表謙讓之意的自稱，難以看作是年齡判斷的根據，關於（二），含斷句在內「東方之士，生爲刑法」的釋讀自身又有諸說，難以作爲有力的論據，關於（三），與用嚴謹的篆體刻石的詛楚文以及比較草率的鐫刻以及手寫體的玉版很難同等對待，至於與封宗邑瓦書的相異點上也很難看到具有明確的時代差異，相反還存在有指出與玉版文字的共同性的周鳳五氏的觀點。對於這些問題點均沒有充足的反證。而且，就其他的論者，在現階段也不見有能夠顛覆惠王說的

積極的論證。

　　對此在文獻資料中所見的惠文王之名「駟」與玉版中的秦的曾孫「駰」的字形類似，很難作為單純的偶然現象，從在玉版中所見的語彙以及內容，史書所傳的惠文王的行狀等的整合性一點上，也可以說惠文王說乃是極具妥當性的觀點。

　　那麼，秦駰玉版的文字具有怎樣的性質？曾憲通氏認為，玉版的文字在甲乙兩版上具有很大的差異，在鐫刻與書寫上的區別以外抄手的不同也是起因之一，其理由有以下四點〔註13〕。

　　（一）兩者的文字風格明顯不同

　　（二）兩者字體略有不同

　　（三）兩者在構形上也有差別

　　（四）兩者在筆劃上也有一些差異

　　曾氏列出各條的字例，具體明確指出了與甲版比較純正的小篆相比，乙版中以小篆為基礎隨處可見隸書的要素。在此就「水」偏旁來看，因文字的殘存狀態相異所以進行全體的比較十分困難，對於甲版中所見的五例均作繁體，乙版中所見三例均作三點水〔註14〕。如此字例上的差異，在如曾氏所指出的「神」「其」「得」等其他的文字中也可見到，除去後述的例外，可以認為在甲版中為正體，乙版中為俗體具有一定的對應關係。只是，兩者的字體上的差異，並非如秦始皇刻石與秦簡之間所見的全體上的書體差異一般容易把握，兩者均以稍顯草率的篆書體為共同基礎，在僅具有篆書與隸書之間較顯著的形體差異的特定的文字上，發生甲版為正體，乙版為俗體的異同。

　　如上所述，曾氏將甲乙的差異的原因求於抄手的不同。對此西林昭一氏表示，僅靠摹本尚無法正確把握慎重保留了斷定意見，但考慮到甲版正面刻字在刀意的差異點，以及甲版內存在將同一字寫為兩種的例子，因此甲乙為同一抄手〔註15〕。

　　關於西林氏指出的甲版內同一字的不同寫法問題，具體就「神」字來看

〔註13〕曾憲通、楊澤生、肖毅〈秦駰玉版文字初探〉（前註12）。

〔註14〕甲版五例為「濤」字（三例）、「潔」字（一例）、「清」字（一例）。乙版三例為「濤」字（三例）。乙版「潔」字因不鮮明無法確認，在乙版中甲版「清」作「精」字。

〔註15〕西林昭一《中國新發現の書》頁15（柳原出版，2002年），西林昭一《中國書道文化辭典》頁477（柳原出版，2009年）。

一下。「神」字也是曾氏認為「（二）兩者字體略有不同」之一所舉出的字例，甲乙兩版各有四例。在右偏旁「申」的形體上，乙版均於秦隸同樣作「申」，對此甲版在四例中最初的三例作篆書「𦥑」，僅有最後的第四例（正面第六行第七字）與乙版同樣作「申」。如此並用現象，實證了甲版的抄手乃是習得了正俗兩體，顯示了字體差與抄手的不同未必就有直接的關聯。

加之如「水」偏旁及「其」字等在甲版中主要使用正體，可見甲版的抄手應將「神」字也均寫為正體，卻誤將第四例寫為了俗體。如果此推測無誤，在兩版中所見字體差就並非生於偶然，很有可能是有意進行區別書寫。

甲乙兩版字體差的理由，畢竟也含有為何同文玉版需要兩枚的問題，今後尚有必要進行更加慎重的探討。但至少秦駰玉版作為顯示戰國中期秦俗體的實態的資料具有重要的意義一點，通過以上的考察基本得以明確。如上所介紹的，王輝氏對惠文王說的反證之一，舉出秦駰玉版文字的一部分近似於從昭襄王晚期到秦始皇時期的寫法，但事實毋寧恰為相反，應當看作顯示了在戰國中期的惠文王時期，已有了與昭襄王晚期至秦始皇時期接近的寫法才妥。推定書寫於戰國中期末武王時期的青川郝家坪秦牘的字體，與約百年後秦始皇時期的睡虎地秦簡之間具有幾乎難以看出時代差異的近似性。上述考察表明，在其前代惠文王時期三點水等眾多的俗體已經開始通行，根據此結果，就會重新對此種狀況有一個完整的理解。

第二節　三點水的成立過程

一、分析的前提

通過前節中考察，三點水在戰國中期以前的秦成立的可能性極高，並從戰國中期到後期作為秦獨自的俗體固定下來。那麼，三點水的具體成立過程又是如何？

戰國時期秦系資料中的大部分俗體，與其原本正體之間的聯繫較為明瞭，而三點水則與繁體的懸隔較大，難以類推其演變的過程〔註16〕。例如在形體方

〔註16〕例如，對隸變加以詳細分析的趙平安《隸變研究》42 頁（河北大學出版社，2009 年再版），將演變的諸相分類為「1 直、2 減、3 連、4 拆、5 添、6 移、7 曲、8 延、9 縮」九種，將「水」偏舉為 2 減（減是指在隸變過程中減去原字的部分形體，使原有字形進步簡化）之例，但就具體的演變過程未明確指出。

面上，從五根豎曲線構成的「水」偏旁繁體，發展到三根橫直線構成的三點水的過程，有必要考慮到點劃數與方向等兩種變化。還應該重視的是，運筆方面的變化。繁體筆順的原則是首先在中央書寫反 S，其次在其上下左右添加筆劃〔註17〕，而三點水的筆順則是，從上順次書寫三根橫劃。因此欲揭明三點水的成立過程，在注意其形體上的演變的同時，還必須注意到作為其基礎的運筆方面的演變。

　　如此在「水」偏旁的繁體與三點水之間，在形體、運筆兩方面存在顯著的相違，但從其他的隸變狀況來看，三點水的狀況也絕非是從繁體突然變異一蹴而就，而是繁體在手寫的過程中逐步產生了階段性的演變〔註18〕。因此，演變的痕跡中殘存有手寫體的可能性極高，為揭明三點水的成立過程，則需重視筆記文字的分析〔註19〕。在本節中將在此前提下，以簡牘資料為中心對三點水的成立過程加以探討。

二、秦簡中所見的「水」偏旁形體

　　首先，將通過對從戰國時期到秦代的三點水的分析，來明確其形體上的特色。分析前節中舉出秦簡的三點水，可見到以下的特色〔圖1〕

〔圖1〕秦簡中的三點水

青川郝家坪秦牘

睡虎地秦簡

里耶秦簡

〔註17〕有關「水」偏的篆體書法，請參看西川寧〈篆書の書法〉（《書道講座第五卷篆書》11 頁，二玄社，1972 年，《西川寧著作集第七卷》重新收錄）。

〔註18〕有關隸變的階段性演變，趙平安《隸變研究》27 頁（前註16）說明為：「隸變中的一個單字、它的演變是逐漸進行，環環緊釦的、具有明顯的連續性和階段性」。

〔註19〕就字體的演變首先萌芽於手寫體，啓功《古代字體論稿》頁 5（文物出版社，1999 年第 2 版）中說明道：「字體風格變化，手寫常是開端，範鑄刊刻也先由手寫，那些直接刻劃的也即是用刀代替筆。因為文字的各個組成部分，包括單體或偏旁，常是由表形、表意到表音的基本符號，這是大家公用、約定俗成的」。

‧點劃的方向……稍向右垂或水平方向

‧點劃的位置……幾乎平行

‧點劃的長度……短橫劃

這些也是在戰國中期的相邦樛游戈以及秦駰玉版（乙版）中共同的特色，顯示了三點水成立的初期階段。

下面再來看秦簡中的繁體。首先注意到的一點是，在傳統篆書中描寫反S型和緩曲線的中心線，幾乎共同具有了直線化的傾向一點〔圖2〕。這與以方折爲主體的秦隸的特色相符，也符合先學所指出的曲線直線化的隸變法則〔註20〕。

〔圖2〕秦簡中繁體的「水」偏旁

睡虎地秦簡 　　　　　 周家台秦簡 　　　　　 里耶秦簡

其次想指出的是，認可上部與下部分離的形體一點〔圖3〕。該形體，見於秦駰玉版（甲版）及里耶秦簡的「水」偏旁、周家台秦簡及睡虎地秦簡的「水」字等，爲戰國時期「水」字寫法之一佔有一定的位置。只是與三點水的關係，在點劃、運筆兩方面隔閡較大，設想階段性變遷的過程甚爲困難。

〔圖3〕繁體「水」偏旁中的上下分離形體（兩例均爲里耶秦簡）

里耶秦簡 　　　　　　　　　 里耶秦簡

從如此秦簡的分析，可以獲知初期階段的三點水的有關知識，但卻無法獲取了解成立過程的具體線索。其原因主要在於資料數的制約，另外也需要考慮到，現在出土的秦簡的大部分爲從戰國末期到秦代之物，正體（篆書）

〔註20〕如試舉一例，則相當於吳白匋〈從出土秦簡帛書看秦漢早期隸書〉（《文物》1978年第2期）所列的11種隸變法則的第2種「變曲線爲直線」。

與俗體（隸書）應用途而分開使用的習慣已經確立並經過了很長時期，所以「水」偏旁的演變在一定範圍內被固定化下來的狀況。因此在下節中將改變視點，來看一下楚墓出土簡牘資料的情況。

三、上海博物館藏戰國楚竹書中的「水」偏旁諸相

如上所述，三點水為秦固有的俗體的可能性極大。因此在探討三點水的成立過程時，使用其他系列的楚墓出土簡牘資料，則其方法的妥當性就成為問題。但如依據以下兩種狀況，則楚墓出土簡牘資料，在戰國時期的手寫體的多樣性分析上，就可看作在質與量兩方面均具有貴重價值的資料。

①楚墓出土簡牘資料中「水」偏旁均書寫為繁體，與秦系文字的繁體基本相同。因此，如果站在戰國時期繁體的多樣性觀點上來看，就可以在共同的框架內進行分析。而且，與急速隸變的秦系文字相比，楚墓出土簡牘文字在全體上具有古態性，在了解隸變以前的狀況上具有重要的意義。

②楚墓出土簡牘資料中，特別是郭店楚簡及上海博物館藏戰國楚竹書（以下略記為上博楚簡）等書物中使用的文字中，已有指出認為具有原著成立的齊魯等其他地區的影響，並未被楚的地域性所限制。而且，從字體的分析，還可推想存在有多數抄手，反映了戰國中期以前手寫體的多樣性狀況。

依此意圖對管見範圍內的楚墓出土簡牘資料加以綜合分析的結果，明確了上博楚簡中最為多樣的「水」偏旁的諸相。上博楚簡中，包含了其他楚墓出土簡牘文字中所見到的全部基本演變，而且還含有未見於其他資料的重要形態。正因此如，以下將以上博楚簡為中心加以探討〔註21〕。其中，繁體「水」偏旁與單體「水」字具有基本相同的形體，因同一抄手的寫法變化具有共同性，所以將單體「水」字也納入考察對象中。

迄今（2010 年）刊行的《上海博物館藏戰國楚竹書》第一分冊到第七分冊中含有四十余種文獻（文獻數因數法而有若干異同），其中「水」偏旁及單體的「水」字的用例，總一百五十余字。對此進行分析後如〔圖 4〕所示，以傳統的篆書形體（標準型）為起點，具有兩大方向性。其一為篆書正中的反 S 字形的和緩曲線演變為直線的類型（直線型），其二為將反 S 字形的和緩曲線顯著彎曲成「乙」字狀的類型（彎曲型）。此三種型式，在上博楚簡外的楚墓

〔註21〕本章中的上博楚簡分析，基於馬承源主編《上海博物館藏戰國楚竹書（一）～（七）》（上海古籍出版社，2001 年～2008 年）。

出土簡牘文字中也可見到，幾乎所有「水」偏旁及單體「水」字，均屬於此三種類型。在此姑且先將不同類型各舉三例。

其中在與三點水的關係上需注意的是彎曲型。彎曲型上部的三劃，稍向右垂或基本近於水平位置，與在前節中已指出過的初期階段的三點水的特色相符。但即使在形體方面具有近似性也無法填補運筆方面的相違，尚無法將彎曲型與三點水直接聯繫在一起。

〔圖4〕「水」偏旁的三種類型

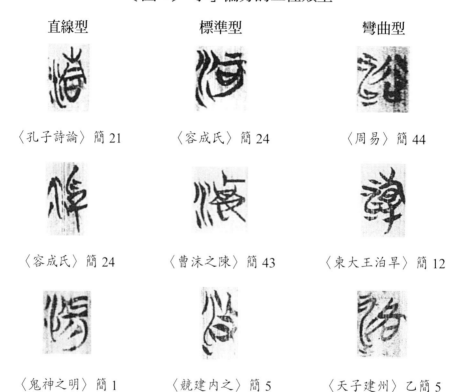

直線型	標準型	彎曲型
〈孔子詩論〉簡21	〈容成氏〉簡24	〈周易〉簡44
〈容成氏〉簡24	〈曹沫之陳〉簡43	〈柬大王泊旱〉簡12
〈鬼神之明〉簡1	〈競建內之〉簡5	〈天子建州〉乙簡5

在此注意到的是，從直線型及彎曲型進一步演變而來的兩種形態見於〈凡物流形〉乙本（《上海博物館藏戰國楚竹書（七）》所收錄）中一點。為方便起見，將前者作為A類，後者作為B類，各類的用例如下所示。

A類……簡8「流」字、簡8「涅」字、簡9「清」字、簡9「漆」字、簡11「海」字、簡22「涅」字

B類……簡1「流」字（兩出）、簡2「水」字、「流」字（兩出）、簡8「水」字、簡17「水」字

　　從〈凡物流形〉乙本（殘存二十二簡）全體的字體分析上來看爲抄手一人所爲，從簡 8 存在 AB 兩類例子上也可推測，相同抄手使用了兩種「水」偏旁的寫法。在形體方面 A 類屬上述的直線型，B 類屬彎曲型的系統，但應該注意的是，在運筆方面具有相異一點。以下就分別對其加以分析。

　　A 類上下各由三根豎劃構成〔圖 5〕。首先看上部的三根豎劃，起筆位置沿左、中、右漸次向右下方下垂，這是除「水」偏旁一部分缺損的簡 8「流」字外其他五例均共同具有的現象，說明了上方三根豎劃均爲由左順次進行書寫。因此可見 A 類「水」偏旁，乃是首先從左順次書寫上方三根豎劃，其次書寫下方正中豎劃，後在其左右各加豎劃而成。如上所述，直線型的上下分離形態也見於秦簡（筆順不同），佔有「水」偏旁寫法中一個系列的位置。〔註22〕

〔圖 5〕A 類

第 22 簡「涅」字　　　　　　　　　　　部分擴大

　　對此 B 類的「水」偏旁，首先從上方彎曲部入筆，接著以相同筆致加入兩根弧線寫成上部三劃，其次運筆至上方正中折回書寫豎長乙字形，最後在下部添加左右豎劃而成〔圖 6〕。如此運筆爲全體 B 類的共同特徵。

〔圖 6〕B 類

簡 1「流」字　　　　　　　　　　　　　部分擴大

〔註22〕上下分離型「水」偏，可見於馬王堆漢墓帛書以及漢碑的篆額等，爲從戰國時期到漢代形成的一個脈流。

如以上分析無誤，與三點水的關係上需要注意的是 B 類。B 類的「水」偏旁上部，點劃的形體與運筆的兩方面均與三點水之間具有共同性。進一步需要重視的是，B 類與同類的形態也見於〈武王踐阼〉（《上海博物館藏戰國楚竹書（七）》所收）以及與〈武王踐阼〉同筆、同卷的〈民之父母〉（《上海博物館藏戰國楚竹書（二）》所收）〔註 23〕，此種寫法並非〈凡物流形〉乙本抄手個人的筆癖，作爲「水」偏旁繁體的一個系列存在的事實也可以得以證明。

〈武王踐阼〉，從簡 1 至簡 12「之道」（第一手）與從簡 12「君齋」至簡 15（第二手）的抄手相異，「水」偏旁的用例（簡 8「游」字、簡 11「涅」字）均屬第一手。首先看殘存狀態較好的簡 11「涅」字的「水」偏旁〔圖 7〕，上部的三根橫劃以相同筆致運筆，很明顯並非如傳統篆書的運筆般將正中的豎劃一筆而就。如根據筆勢的分析，首先從上部開始順次略向上挑書寫三根橫劃，其後延伸連接正中橫劃的鉤形曲線，最後在將下部橫劃加於上下而成。而且簡 8「游」字，文字的一部分墨蹟較薄還留有難以充分把握的部分，但「水」偏旁上部的三劃與其後的鉤形曲線的運筆，可確認爲與「涅」字同樣的狀況。

〔圖 7〕〈武王踐阼〉的「水」偏旁

簡 11「涅」字 　　　　　　　　　　　　部分擴大

另外，被認爲與〈武王踐阼〉第一手同筆的〈民之父母〉中，第 7 簡・簡 12 各有一例「海」字。該「海」字的「水」偏旁與〈武王踐阼〉的用例不同，橫位於「母」字上部，先從上順次書寫左側三劃，其次延伸連接中央橫劃的「∧」形線，最後在右側上下各加橫劃而成〔圖 8〕。如此〈民之父母〉與〈武王踐阼〉的「水」偏旁方向雖異但所用寫法相同，證明了上述分析的妥當性。

〔註23〕有關〈民之父母〉與〈武王踐阼〉的關係，請參看劉洪濤「〈民之父母〉、〈武王踐阼〉合編一卷説」（復旦大學出土文獻與古文字研究中心網站，2009 年 1 月 5 日）。

〔圖 8〕〈民之父母〉的「水」偏旁

簡 12「海」字　　　　　　　　　　　部分擴大

　　通過以上的考察明確得知，〈凡物流形〉乙本 B 類及〈武王踐阼〉、〈民之父母〉中「水」偏旁的開頭部分與初期階段的三點水之間，在形體、運筆兩方面均存在有顯著的共通性。該「水」偏旁與正規隸書的運筆及形體相異，三點水很有可能正是以此俗體爲媒介，最終通過僅將開頭三劃獨立而成立的。

　　根據本章的考察，將三點水的成立過程簡單總結如下。

以曲線爲主體的繁體

↓

（Ⅰ）通過方折化向彎曲型的形體演變

↓

（Ⅱ）伴隨與下部的分離開頭部分（三劃）的運筆變化

↓

（Ⅲ）下部的削減

↓

三點水的成立

　　現在所知的秦簡的「水」偏旁中，未見有三點水成立前的彎曲型的例子。關於此點，如上所述，可以考慮到繁體本身的例子受到有限資料數量的制約，以及三點水成立後寫法的演變趨於固定化的時代性等兩個理由。非筆記資料雖無法進行單純比較，但權量銘中具有上下分離的彎曲型，可見該形式在秦代有所傳存〔註24〕。期待今後會出現可以進一步實證三點水成立過程的具體新資料。

結　語

　　本章對戰國時期秦的三點水的實際狀況及其成立過程加以考察。最後根

〔註24〕《書跡名品叢刊秦權量銘》45 頁圖版（二玄社，1959 年）。

據考察結果，就秦隸的性質略表若干私見作爲結語。

從惠文王時期的相邦樛游戈及秦駰玉版（乙版）的分析表明，在戰國中期的秦，以三點水爲首的俗體具有廣爲盛行的形跡。根據此種狀況可以認爲，對於正體篆書，俗體秦隸在戰國中期也作爲通行體佔據有一定的位置的可能性極高。

另外，就三點水的成立，通過分析簡牘資料中的「水」偏旁諸相，提出了在現階段最妥當的階段性成立過程，假使據此推論，在最終階段對下部的削減也是極爲明顯的。或許三點水未見於秦以外其他國家的文字資料的事實，也並非與其特異性無關。因此，以三點水爲首的秦隸作爲秦的通行體佔有一定位置的背景，並非如所謂的「約定俗成」般和緩的自然定型，而是有必要考慮到急速的並具強制力的秦獨自政策的原因〔註25〕。

〔註25〕 筆者以前曾論述過，在戰國時期戰的秦先於其他列國通過俗體推進隸書革命，建設法治國家最終成爲了合併諸國的重要的基礎，並將其時期推定爲公元前四世紀中期的商鞅變法（拙著《文字の發見が歷史をゆるがす——20世紀中國出土文字資料の證言》頁117，二玄社，2003年）。本章考察結果，可以說是給予了該推測一個具體的展望。

第十一章　張芝草書的實相
——通過東牌樓東漢簡牘對法帖進行的驗證

序　言

東漢的張芝與魏的鍾繇並稱爲王義之以前最大的書家。其草書從其在世期間既已得到高度評價，對後世影響極大，在東漢及六朝的書論中應該特書一筆，不僅在草書的發展方面，而且在廣義的確立書法藝術性一點上也佔有十分重要的地位。

但事實上，何爲張芝草書的問題，由於資料的制約基本上還沒有得以明確。現在，作爲張芝草書的傳存資料僅有《淳化閣帖》等〔註1〕所刻入的五帖（帖數存有異說）。而且其中的四帖還被認爲是僞帖，剩餘一帖也是智者見智，眞贋還沒有得到完全證實。

在如此狀況下，作爲有可能開拓新研究局面的資料引人注目的是，2004年在長沙市東牌樓湘浙匯商業大廈工地七號古井（J7）出土的東牌樓東漢簡牘。據長沙市文物考古研究所、中國文物研究所編《長沙東牌樓東漢簡牘》〔註2〕，從簡牘中的紀年分析可推定時代爲與張芝同時期的靈帝時期（168～189），在二百六枚有字木質簡牘中，有三十余枚草書簡牘。東牌樓東漢簡牘

〔註1〕 收錄張芝法帖的集帖，有《淳化閣帖》歷代名臣法帖第二、《大觀帖》歷代名臣法帖第二、《絳帖》歷代名臣法帖第二、《星鳳樓帖》卷第一、《寶賢堂集古法帖》卷第一、《玉煙堂帖》漢魏法書卷一等。

〔註2〕 長沙市文物考古研究所、中國文物研究所編《長沙東牌樓東漢簡牘》（文物出版社，2006年）。

的出土，首次使與張芝同時期的草書實態眞相大白。

　　不過，即使是同時期的草書，東牌樓東漢簡牘主要是由地方屬吏著手製作，與侍奉靈帝的名臣張奐的長子、被稱爲「草聖」的張芝的草書直接關連還比較困難。因此，東牌樓東漢簡牘的出土並不會一舉解決上述的資料問題。但從超越個人差距的樣式論的觀點來看，東牌樓東漢簡牘的草書，作爲判斷張芝法帖的資料性的一個尺度，則具有一定的意義。本章正是從該意圖出發，對傳存的張芝法帖進行重新調查，來找到一些揭開張芝草書眞相的線索。

　　另外草書一語，在狹義上相對於保存波勢的章草，有時還指脫去波勢的今草之意。在本章中除特別說明之外，則爲包括章草與今草的廣義上的含義。

第一節　有關張芝的文獻資料

　　首先來整理一下傳世文獻資料中有關張芝及其草書的記載。以下將有關資料按照年代順序附以號碼列舉如下。

（一）東漢・趙壹〈非草書〉（《法書要錄》卷一）

　　余郡士有梁孔達、姜孟穎者。皆當世之彥哲也。然慕張生之草書，過於希顏、孔焉。孔達寫書以示孟穎，皆口誦其文，手楷其篇，無息倦焉。……竊覽有道張君所與朱使君書，稱正氣可以銷邪，人無其釁，妖不自作。誠可謂信道抱眞，知命樂天者也。若夫褒杜、崔，沮羅、趙，忻忻有自臧之意者，無乃近於矜伎，賤彼貴我哉。……苟任涉學，皆廢倉頡、史籀，競以杜、崔爲楷，私書相與，庶獨就書云，適迫遽故不及草。草本易而速，今反難而遲。失指多矣。

（二）西晉・衛恆〈四體書勢・草書〉（《晉書・衛恆傳》）

　　弘農張伯英者，因而轉精甚巧。凡家之衣帛，必書而後練之。臨池學書，池水盡黑。下筆必爲楷則，號忽忽不暇草書。寸紙不見遺，至今世尤寶其書，韋仲將謂之草聖。伯英弟文舒者，次伯英。又有姜孟穎、梁孔達、田彥和及韋仲將之徒，皆伯英弟子，有名於世，然殊不及文舒也。羅叔景、趙元嗣者，與伯英並時，見稱於西州，而衿巧自與，眾頗惑之。故英自稱，上比崔、杜不足，下方羅、趙有餘。

（三）東晉・王羲之〈自論書〉（《法書要錄》卷一）

　　吾書比之鍾、張，當抗行，或謂過之。張草猶當雁行。張精熟過人，

臨池學書，池水盡墨。若吾耽之若此，未必謝之。後達解者，知其
評之不虛。

吾盡心精作亦久，尋諸舊書，惟鍾、張故爲絕倫。其餘爲是小佳，
不足在意。去此二賢，僕書次之。

（四）宋‧羊欣〈古來能書人名〉《法書要錄》卷一

弘農張芝，高尚不仕。善草書，精勁絕倫。家之衣帛，必先書而後
練。臨池學書，池水盡墨。每書云，匆匆不暇草書。人謂爲草聖。

（五）宋‧范曄《後漢書‧張奐傳》

長子芝，字伯英，最知名。芝及弟昶，字文舒，並善草書，至今稱
傳之。

（六）宋‧王愔〈文字志〉《後漢書‧張奐傳》李賢注引

芝少持高操，以名臣子勤學，文爲儒宗，武爲將表。太尉辟，公車
有道徵，皆不至，號張有道。尤好草書，學崔、杜之法。家之衣帛，
必書而後練。臨池學書，水爲之黑。下筆則爲楷則，號**忽忽**不暇草書，
爲世所寶，寸紙不遺。韋仲將謂之草聖也。

（七）唐‧張懷瓘〈書斷‧中〉神品《法書要錄》卷八

張芝，字伯英，燉煌人。父煥爲太常，徙居弘農華陰。伯英名臣之
子。幼而高操，勤學好古，經明行修。朝廷以有道徵，不就。故時
稱張有道。實避世潔白之士也。好書，凡家之衣帛，皆書而後練。
尤善章草書，出諸杜度。崔瑗云，龍驤豹變，青出於藍。又**剟**爲今
草。……韋仲將謂之草聖。豈徒言哉。遺<u>迹</u>絕少。故褚遂良云，鍾
繇、張芝之<u>迹</u>，不盈片素。韋誕云，崔氏之肉，張氏之骨。其章草
金人銘，可謂精熟至極。其草書急就章，字皆一筆而成，合於自然。
可謂變化至極。羊欣云，張芝、皇象、鍾繇、索靖時並號書聖。然
張勁骨豐肌，德冠諸賢之首。斯爲當矣。其行書則二王之亞也。又
善隸書。<u>以獻帝初平中卒</u>。伯英章草、草、行入神，隸書入妙。

　　首先需要加以確認的是，張芝的活動時期的問題。有關張芝卒年的記述，
未見於（五）《後漢書》爲首的六朝時期的文獻中，六朝以降，唐開元十五年
（727）成立的（七）〈書斷〉爲「以獻帝初平中（190～193）卒」（前文下劃
線部）。〈書斷〉的資料根據不明尚需注意，但根據與張芝同時代活動的（一）

〈非草書〉的著者趙壹於靈帝光和元年（178）被舉爲上計而上洛陽的記載（《後漢書·文苑傳》），及張芝之父張奐於靈帝光和四年（181）78 歲而卒的記載（《後漢書·張奐傳》），另外還有卒於桓帝永康元年（167）的延篤的書翰〈答張奐書〉（《藝文類聚》卷三十一）中張芝作爲張奐的使者登場等記載綜合判斷，無疑東漢桓帝（146～167 在位），靈帝（168～188 在位）期間應當作爲其活動的時期，因此可以認爲〈書斷〉的記述是具有一定可信度的。

　　張芝在世時即爲草書名家，通過（一）〈非草書〉批判性的記述，以及從（二）〈四體書勢〉到（六）〈文字志〉的六朝期間的書論中，有關家中衣帛必先書而後練，臨池學書池水盡墨的故事，還有韋誕冠之以「草聖」稱號等記載可以得知，其在六朝時期常得以高度評價。另外在（七）〈書斷〉中有「又紉爲今草」，以張芝爲今草的創始人，關於具體作品又云「其章草金人銘，可謂精熟至極。其草書急就章字，皆一筆而成，合於自然。可謂變化至極」。這些雖可謂是描繪傳存至唐代的張芝草書樣態的寶貴證言，但考慮到同在〈書斷〉還有「遺迹絕少。故褚遂良云，鍾繇、張芝之迹，不盈片素」的褚遂良之言，對「章草金人銘」以及「草書急就章」的可信度尚有疑問，僅根據該記述隨意而論是比較危險的。

　　從如此傳存文獻，雖可知張芝作爲草書名家佔有重要的地位，但從中卻基本上無法得到揭開張芝草書眞相的線索。

第二節　傳存的張芝草書

　　以下，來看作爲張芝草書傳存的法帖。首先按《淳化閣帖》收錄順序附以號碼進行列出〔釋文〕〔註3〕（參看末尾〔圖版〕①～⑤）。

〔釋文〕
①冠軍帖

　　知汝殊愁。且得還爲佳也。冠軍暫暢釋，當不得極蹤。可恨。吾病
　　來，不辨行動，潛處耳。

〔註 3〕　本章中帖的區分以及釋文，是以顧從義《法帖釋文考異》爲底本，根據諸家的見解對一部分釋字進行修改。另外圖版則舉出張芝法帖中管見以爲最精刻的故宮博物院藏淳化閣帖宋搨本（《中國書法全集第六卷》榮寶齋出版社，1997 年）。

②終年帖

終年纏此，當復何理耶。且方有諸分張。不知，比去復得一會不。
講竟不竟。可恨。汝還，當思更就理。一昨遊，悉誰同。故數往虎
丘不。此甚蕭索，祖希時面。因行藥，欲數處看過，還復共集散耳。
不見奴，粗悉書。云，見左軍，彌若論聽故也。

③今欲歸帖

今欲歸。復何適。報之。遣不知。摠散佳，並侍郎耶。言別事有及。
過謝憂勤。

④二月八日帖

二月八日，復得鄱陽等。多時不耳。爲慰如何。平安等人，當與行
不足。不過疲與。消息。

⑤秋涼平善帖

八月九日，芝，白府君足下。深〔註4〕爲秋涼，平善。廣閑彌邁，
想思無違。前比得書，不逐西行。望遠懸想，何日不勩。捐棄漂沒，
不當行李。又去春送舉喪到美陽。須待伴比，故送簡絕。有緣復相
聞。飡食自愛。張芝。幸＝甚＝。

有關這些張芝法帖的眞僞，引用米芾、黃伯思、姜夔、王澍的見解，整
理各帖書者的結論，結果如〔表1〕所示。

A　米芾〈跋秘閣法帖〉第二（《法帖刊誤》附載，米芾以①～④爲五帖，
全六帖）

張芝，後一帖是，前五帖並張旭。

B　黃伯思〈法帖刊誤〉卷上，第二漢魏吳晉人書

此卷章草「芝白」一帖差近古，亦疑先賢摹放也。前「知汝殊愁」
以下五帖，米云，皆張長史書，信然。但帖中有云「數往虎丘」、「祖
希時面」。祖希，張玄之字也。玄之與大令同時，虎丘地在江左。當
是長史書二王帖辭耳。

〔註4〕顧從義《法帖釋文考異》中當該字作「不」，王澍《淳化秘閣法帖考正》也從
顧氏，然「不爲」則難以取意。從與秋涼平善帖的其他部分重複出現的「不」
字及大觀帖的該字進行比較，原文極有可能爲與「不」相異文字，可推測爲摹
搨之際發生錯誤所致。《中國書法全集第六卷》作品考釋「113秋涼平善帖」的
釋文作「深爲」。釋爲「深」字的根據雖未明記，或因同卷收錄「歷博藏閣帖
明搨肅府本」作近於「深」的體型而從之。在此從意思相通一點上從「深」字。

C 姜夔〈絳帖平〉（聚珍版叢書本）

總錄，人名，月，張芝

祖希時面　　晉張玄子，字祖希。嘗爲冠軍將軍。

冠軍暫暢釋

不見奴　　王右軍家兒小名，見右軍帖。如所謂官奴，興奴，小奴者。

侍郎　　郗愔或范武子皆王氏姻，並爲中書侍郎。

鄱陽　　王皓嘗爲鄱陽太守，故二王帖多稱鄱陽，或云鄱陽歸鄉，或云鄱陽一門，或云鄱陽歲使。

卷二，月，漢張芝書

此五帖僅一眞。……予按《續晉陽秋》，張玄之嘗爲冠軍將軍。又按《世說》「王東亭珣與張冠軍善，既作吳郡。人問小令王珉曰，東亭作郡風政何似。荅曰，不知治化如何，惟與張祖希情好日隆。」前兩帖所謂「冠軍暫暢適」、「祖希時面」、「數往虎丘」等語，似是珣作吳郡時帖。以爲伯英過矣。顏魯公〈虎丘寺詩〉云，捨宅仰珣珉，則知珣又嘗居吳也。後兩帖云，「侍郎」者，郗愔也，「鄱陽」者，王廙也。當是右軍父子帖。以上四帖，皆經長史或藏眞手臨。……第五帖，章草高古可愛。眞伯英之妙跡。……伯英既是弘農人，則「送喪至美陽」應亦有之。美陽，岐山也。山谷云，此書絕妙無品者，信然。

D 王澍〈淳化秘閣法帖考正〉卷二（王澍①②爲一帖，全四帖）

但此數帖狂縱不倫，與獻之「託桓江州助汝」等帖，同是一手僞書。老米目爲張長史，猶是過則之論。長史雖顚逸，然一波一拂，皆有法度。觀其授顏魯公十二筆意，何等精嚴，何等微密。豈容任意揮洒。此數帖筆殊浮滑，韻殊惡俗，乃後來極庸妄人所爲。遽欲污蠛長史且不可。況伯英乎。罪過罪過。大段淳化僞書有三手。第一卷「千文」及「安軍破堁」等帖爲一手。右軍「適欲遣書」等帖爲一手。伯英「知汝殊愁」及大令「託桓江州助汝」等帖爲一手。皆互有短長，不足定其勝負也。……「終年纏此」援上「吾病來」，本是一帖。顧分爲二非，當以劉爲正。……自「知汝殊愁」至此二十二行，總是一帖。……「得鄱陽」帖「鄱陽」，庾冰也。大令帖中時及之，益可證此數帖之非伯英矣。……以上本三帖，米以爲五，豈以「終年纏此」及「看過還復」，別爲二耶。按「今欲歸」以下二帖，筆韻猶清。故當較勝「知

汝殊愁」也。要之總是偽帖。秋涼平善帖，專謹古雅，信是伯英。米
以爲眞，而長睿云，疑亦先賢模放，恐是過論。

〔表1〕各帖書者

No.	帖　名	A 米芾《跋秘閣法帖》	B 黃伯思《法帖刊誤》	C 姜夔《絳帖平》	D 王澍《淳化秘閣法帖考正》
①	冠軍帖	張旭	張長史書	長史或藏眞手臨	極庸妄人所爲
②	終年帖				
③	今欲歸帖				
④	二月八日帖				
⑤	秋涼平善帖	張芝後一帖是	疑先賢摹放	眞伯英之妙跡	信是伯英

　　有關①冠軍帖、②終年帖、③今欲歸帖、④二月八日帖四帖，帖中所見
人名、地名、用語與晉人具有密切的關連，被認爲是來自王羲之以及王獻之
法帖，以連綿草爲主的筆法與張旭及懷素，或《淳化閣帖》中的其他偽帖同筆
等，被指出在內容、書法兩方面均具有問題，因此在認爲是後人的偽帖一點上
諸家見解一致。

　　另一方面，就⑤秋涼平善帖，有認爲乃是張芝眞蹟的米芾、姜夔、王澍
的觀點，也有主張是摹倣先賢的黃伯思的觀點，究其書法上的根據則如「章
艸高古可愛」（姜夔），「專謹古雅」（王澍），「差近古」（黃伯思）等，均爲一
種模糊的印象批評而已。

　　要在無眞蹟傳存下究明其眞相，最需要的就是作爲比較材料的同時代的
墨蹟。然而，迄今的東漢文字資料大部分爲石刻，與張芝同時代的草書墨蹟
並無傳存。因此即使要檢測原本與法帖的差距也沒有可作爲尺度的資料，在
這種尷尬的情況下討論張芝法帖的可信度，雖可從內容方面提出幾種具體根
據，但卻在最重要的書法方面無法得以實證考察。

　　在此，想提及所謂法帖的資料性問題。迄今對於石刻而言，經過反復揚
摹與摹刻的法帖的資料價值極爲低下。但如西川寧氏在以西域出土晉代墨蹟
爲主的一系列研究中所闡明的，在王羲之法帖中也存在有少數足以窺其眞相
的例子〔註5〕，另外通過近年出土的三國吳簡還有研究認爲，鍾繇法帖的一部

〔註5〕例如〈西域出土晉代墨跡の書道史的研究〉頁216～219（《西川寧著作集第四
　　　卷》二玄社，1991年）。

分中也具有當時樣式的殘影〔註6〕。如此通過同時期出土文字資料的發現表明，在被認爲幾乎不足以作爲依據的法帖中，也存在有在究明原本眞相上具有一定資料價值的例子。在這種狀況下，通過比較張芝與同時期的東牌樓簡牘，對傳存的張芝法帖的資料性加以考察，這應該對究明張芝草書的眞相具有一定的學術性意義。

在下節將從該目的出發，作爲與張芝法帖比較的前一部分，對東牌樓簡牘的草書加以分析〔註7〕。

第三節　東牌樓東漢簡牘中的草書

出土東牌樓東漢簡牘的七號古井（J7），口徑1.20米，深7.60米。層位五層，從第二層到第五層（3.24〜7.60米）出土426枚（有字簡牘206枚，無字簡牘220枚）木質簡牘。簡牘中所見年號，爲建寧、熹平、光和、中平四種，最早爲建寧四年（171），最晚爲中平三年（186），均爲靈帝（在位168〜189）時期年號，據推斷其他簡牘也主要屬靈帝時期之物。東牌樓東漢簡牘的大部分，爲通過長沙郡與臨湘縣的郵亭收發的公私文書，後被廢棄於古井之中。

如上所述東牌樓東漢簡牘中發現了三十余枚草書簡牘，可把握當時多種多樣的實態。《長沙東牌樓東漢簡牘》的圖版、釋文按文書類型分類、排列，按照草書與文書類型的關係進行整理，其結果則如〔表2〕。其中「習字」爲個別文字以及以點劃爲主的斷片性資料，由於「殘簡」大部分爲殘缺字難以成爲十全十美的資料，因此以下的考察則以〔表3〕所示的屬「公文、文書」、「私信、書信」、「雜文書、事目／其他」的二十三簡爲對象。

〔表2〕東牌樓東漢簡牘的文書類型（□爲含草書簡牘的文書類型）

〔註6〕參看劉正成〈鍾繇與長沙吳簡說〉（《中國書法全集第二十卷》榮寶齋出版社，1997年），尹一梅〈簡牘書法與刻帖中的鍾繇書〉（《書法叢刊》2007年第2期〈總第96期〉）等。

〔註7〕以下東牌樓東漢簡牘的考察是基於《長沙東牌樓東漢簡牘》（前註2）的圖版、釋文。

〔表3〕東牌樓東漢簡牘中的草書簡牘（除「習字」、「殘簡」）

整理號	出土號	文　書　名　稱	文　書　類　型
一五	1140	佚名上言殘文書一	公文、文書
一六	1142	佚名上言殘文書二	公文、文書
二三	1159	殘文書四	公文、文書
二八	1092	建寧年間佚名書信	私信、書信
三一	1117	中平元年佚名書信一	私信、書信
三三	1065	熙致蔡主簿書信	私信、書信
三七	1100	佚名致蔡主簿書信	私信、書信
四三	1168	蔡沄書信	私信、書信
四四	1009	紀書信	私信、書信
四八	1063	君書信	私信、書信
五一	1143	峻書信	私信、書信
五二	1144	香書信	私信、書信
六六	1138	佚名書信一○	私信、書信
六七	1150	佚名書信一一	私信、書信
七一	1139	佚名殘書信一	私信、書信
七六	1132	期會雜事目二	雜文書、事目
七八背	1164	某日刑案事目	雜文書、事目
一二○	1029	某月十八日被徵文書	雜文書、其他
一二九	1095	張□白事殘文書	雜文書、其他
一三四	1156	復坐□時平亭殘文書	雜文書、其他
一三六	1176	土受足具殘文書	雜文書、其他
一三七	1172	到日得爲殘文書	雜文書、其他
一三八	1196	主掾君文書	雜文書、其他

　　東牌樓東漢簡牘的草書雖樣態各異，但整體上具有一個共同點，便是未見有所謂完成體的今草的例子，大部分以章草特色爲基礎隨處交雜有今草的萌芽形態，從中可以看出章草變化到今草的過渡狀況〔註8〕。在具有如此特色

〔註 8〕有關該點，劉濤〈長沙東牌樓東漢簡牘的書體、書法與書寫者〉（《長沙東牌樓東漢簡牘》頁83，前註2）中，作如下論述。「總體說來，東漢後期臨湘地區書吏日常書寫的草書，有的規矩，接近「楷則」一類的草書。有的隨意，草書結構（草法）已經相當簡化，而且許多字中末筆有下引的映帶之勢，是

的背景下，以下將對需要特別注意的簡牘加以個別分析。另外因傳存的張芝法帖均爲書信，所以先看一下文書類型屬「私信、書信」的三七、五二、六六、四三（參看末尾〔圖版〕⑥～⑨）。

⑥三七，在根柢上具有左右的躍動感與波勢，單字的獨立性較強，向下方連接的筆勢較少。雖然這種樣式在東牌樓簡牘中僅此一例，但作爲後世法帖中定型化的所謂章草體原型而受到矚目。

⑦五二，正面第一行及第二行的橫劃具有波勢，全體章草特色濃厚，不過從背面第一行到第二行的收筆，右旋筆劃具有向下方連接的筆意。

⑧六六，正面第二行的大字可見帶有波勢的章草書風，背面第二行以較短促的呼吸向右上方挑出的筆勢也帶有章草的特色，但正面第一行的小字全體呈圓弧狀，右旋筆劃向下連接，可見今草的書風。

⑨四三，正面第一行的大字，幾乎不見章草基本的左右挑出的筆勢，右旋筆劃作弧全體呈圓形，顯示了一直向下連接的今草書風，在正面第二行及背面該特色愈發明顯，特別是背面向左下伸展的斜線極爲明顯。劉濤氏指出背面小字的草書具有與王羲之草書近似的點劃〔註9〕，在東漢後期已可見到與晉代的草書極爲接近的書風一點值得矚目。

這樣在東牌樓東漢簡牘的草書中，可以看到從保留濃厚的章草書風的⑥三七，到展現幾乎與晉代草書相匹敵，具有今草書風的⑨四七等多種多樣的形態。但幾乎不見有數字連接的連綿的例子，顯示了這個時期的草書還未完全擺脫波勢，處在尚未獲得點劃自律性的階段。

第四節　張芝法帖的探討

本節在前節對東牌樓東漢簡牘的分析的基礎上，重新對張芝法帖加以探討（參看前揭〔圖版〕①～⑤）。

首先應指出的是，①冠軍帖、②終年帖、③今欲歸帖、④二月八日帖爲僞

一種有別於正規草書的俗寫形態。東漢後期還沒有「今草」這個概念，但是東牌樓漢簡草書表明，「今草」的雛形在東漢後期已經出現。聯繫西晉衛瓘尺牘〈州民帖〉所顯示的「草稿」書來看，有別於舊體章草的「今草」其來有自。過去皆稱東晉書家王羲之創製「今草」，現在看來，羲之的貢獻主要是完成了今草的改製，樹立了「今草」的典則。」

〔註 9〕　〈長沙東牌樓東漢簡牘的書體、書法與書寫者〉，《長沙東牌樓東漢簡牘》頁83（前註 2）。

帖一點，已從時代樣式方面得以明確實證。冠軍帖等四帖中所見連綿草，很明顯爲今草完成以後的產物，與章草到今草的過渡期東漢後期草書的時代性迴異。連綿草的樣式，現在也未見於三國及晉代的原始資料，正如先學所指出的，冠軍帖等四帖極有可能爲唐代所製〔註10〕。

那麼，米芾、姜夔、王澍等認爲是張芝之書的⑤秋涼平善帖又如何？首先對用語、格式加以考察。如從第二節中所舉釋文中得知，秋涼平善帖始於「八月九日，芝，白府君足下」終於「張芝，幸甚幸甚」具備首尾一致的書信體裁。

如前所述，已有指出認爲冠軍帖等四帖從內容方面也與後代二王帖有關，這成爲了認定其爲僞帖的重要根據之一。另一方面，秋涼平善帖中則不見該例，相反可見「府君」與「美陽」等漢代官職名及地名，在時間、空間兩方面具有統一性。有關此點，通過進一步與東牌樓東漢簡牘書信（也含草書以外）的比較，可添加如下新的旁證。

首先在書信格式方面需要注意的是，秋涼平善帖開頭部分以大字形式書寫一點。該點也見於其他秋涼平善帖諸本，可認爲是保留了原本形式，不過同樣的形式在東牌樓東漢簡牘書信中也可見到，顯示了秋涼平善帖原本絕非無稽僞帖。

其次在書信用語方面需要注意的是，在末尾所見「幸甚」之語。東牌樓東漢簡牘書信44封中5封（三五、三六、五〇、六〇、六六）具有「幸甚」之語〔註11〕。管見認爲，在以王羲之尺牘爲首的魏晉尺牘中未見有「幸甚」

〔註10〕順便附言，僅因張芝被稱爲「草聖」，故得以製作如冠軍帖以下四帖等連綿體的想像，完全是出於對時代樣式缺乏理解的妄想。無論如何卓越的書法家，憑其個人能力也絕難以超越時代樣式的框架。同理，即使如三國魏的鍾繇般有名楷書名家，也是無法寫出如九成宮醴泉銘一般初唐樣式的楷書的。

〔註11〕作爲具體例證，以下舉出東牌樓東漢簡牘書信中基本上完整得到保存的「五〇津書信」的釋文。另外原簡牘在格式方面也採取了將上述開頭部分大字書寫的形式。

（正面）
1. 津頓首：昨示悉，別念想。區區想內少異，
2. 囨審久人果解未。迨迨。獨迫君旦詣府門，寧

（背面）
1. □□人示□，又在倉面報云，河宜小用意求，報
2. 政遣知，□異小大。還具告。悆悆書不盡言。面乃□津

之語，很可能爲漢代書信常用語。關於此點，有必要考慮到尺牘內容及性質，固然僅以此一語來斷定時代還較爲困難，但至少在秋涼平善帖中所見「幸甚」一語散見於東牌樓東漢簡牘書信中這一事實，在考慮秋涼平善帖原本的性質上還需引起注意。

如上通過對書信格式及用語的考察，可以認爲秋涼平善帖並無其他四帖中被指出的否定性根據，相反可知與張芝具有一定的關連性。

以下再從書法方面加以分析。如前所述因法帖乃是經搨摹、摹刻之物，所以很難就細微部分的點畫及筆法加以分析。在此需要充分考慮到刻本所帶來的分析的局限性，綜合文本間共同的點劃形態及筆法的傾向性等，來考察整體樣式上的特色。

秋涼平善帖，以章草的書風爲基調，但需要注意的是特別在後半部，有一部分右收筆具有與下方連接的筆意等今草風格的形態。因此爲方便起見，將秋涼平善帖中這兩種書風稱爲章草系列與今草系列，並將其各具特徵的部分與《淳化閣帖》與《大觀帖》進行對照（參看末尾〔別表〕）。

即使通過刻本來把握細微的用筆特徵較爲困難，但通過對〔別表〕的分析，基本上可以了解到從章草發展至今草的過渡時期的狀況。當然有關今草系列諸例還有在搨摹、摹刻時發生改變的可能性，但與書信開頭以及前半部具有比較濃厚的章草書風相比，在後半部則隨著運筆出現了筆意連續的今草特徵，這種傾向性在東牌樓簡牘中也可見到，因此不如認爲其正是反映了原本的形態。

因秋涼平善帖與東牌樓簡牘草書的樣式基本符合，可見其原本具有可上溯至東漢後期的可能性。因此，即便無法得到原本就是張芝眞蹟的確證，通過與東牌樓簡牘的比較基本上可以證實，秋涼平善帖作爲張芝草書是具有一定的可信度的。

結　語

最後在以上考察的基礎上，就張芝草書的實際狀況總結一下現階段的私見。

如上所述，傳存的張芝法帖中書法樣式上具有可信度的唯秋涼平善帖而

3.　、子約省。幸甚々々。

已。因資料制約，張芝草書樣式的変遷過程很難得知。但如果綜合第一節中引用的文獻資料與東牌樓東漢簡牘草書的實際形態來看，則完全可以認爲，張芝草書在從章草至準今草階段的多樣性中，顯示出精緻的技法與高超的完成度。

如第一節中所引用的書論中，作爲王羲之自著具有較高可信度的〈自論書〉中有「張草猶當雁行」之言，說明了張芝草書在東晉王羲之來看也極具高超的水準。另從虞龢〈論書表〉（《法書要錄》卷二）中所記以下的逸話中，也可知張芝在章草上卓絕的技能。

> 羲之書，在始未有奇殊，不勝庾翼、郗愔，迨其末年，乃造其極。
> 嘗以章草答庾亮。亮以示翼，翼歎服。因與羲之書云，吾昔有伯英
> 章草十紙。過江亡失，常痛妙迹永絕。忽見足下答家兄書，煥若神
> 明，頓還舊觀。

另一方面，與今草有關需要注目的是，如上述張懷瓘〈書斷〉中所見的「又籾爲今草」，將張芝記述爲今草創始者一點。將特定的書法家作爲書體的創始者多見於書論中，固然難以看作爲歷史事實，結合東牌樓東漢簡牘的草書中已見接近今草的例子來考慮，不難想像在今草樣式的確立上張芝確實佔有重要的地位。

但要將〈書斷〉中所見如下「一筆書」的記述看作是張芝草書的實際形態到底還是有些困難〔註12〕。

> 懷瓘案，章草之書，字字區別。張芝變爲今草，加其流速。拔茅連
> 茹，上下牽連，或借上字之下，而爲下字之上，奇形離合，數意兼
> 包。若懸猿飲澗之象，鉤鎖連環之狀。神化自若，變態不窮。（〈書
> 斷・上〉章草）

> 然伯英學崔、杜之法，溫故知新，因而變之，以成今草，轉精其妙。
> 字之體勢，一筆而成，偶有不連，而血脈不斷。及其連者，氣候通
> 而隔行。（〈書斷・上〉草書）

在這些記述中需要注意的是，以巧妙的比喻表現出來的「一筆書」的樣態，

〔註12〕從該點上來看，倒不如說可從張懷瓘所否認的以下歐陽詢的論述中具有眞實的一面。「歐陽詢與楊駙馬書章草千文，批後云，張芝草聖，皇象八絕，並是章草，西晉悉然。迨乎東晉，王逸少與從弟洽變章草爲今草。韻媚宛轉，大行於世，章草幾將絕矣。」（〈書斷・上〉草書）。

與冠軍帖等四帖的書風相符一點。如前所述冠軍帖等四帖已從內容及書法兩方面證明爲僞帖，並爲唐代作製。由此可知當時同類僞帖已有不少流傳於世。恐怕〈書斷〉的記述也並非與此類僞帖的存在無關，可以說，「一筆書」正是從「草聖」的稱號聯想到的超絕技法與今草創始者的傳承相重合而建立起來的一個虛像。

如上所述，本章僅對張芝草書的實際形態提出了一個大致的樣式上的框架，而關於張芝特色的卓絕技法，遺憾的是由於法帖資料有限而詳情不明。但是在唐代已有「不盈片素」的足以管窺張芝草書片鱗的秋涼平善帖能夠作爲法帖傳存至今，不如應該說只是中國書法史研究上的僥倖而已。今後還有必要通過與原始資料的比較來進一步驗證法帖的資料性，以重新評價埋沒在其中的貴重資料。

〔附記〕

本章，乃是基於戰國楚簡研究會對東牌樓東漢簡牘的實地調查（2006 年9 月 3 日）。在調查之際承蒙湖南大學副院長陳松長教授、長沙市文物考古研究所何旭紅所長多方照顧熱心指教，謹此深表謝忱。

〔圖版〕

① 冠軍帖（部分）　　② 終年帖（部分）　　③ 今欲歸帖（部分）

④ 二月八日帖（部分）　　　　　⑤ 秋涼平善帖

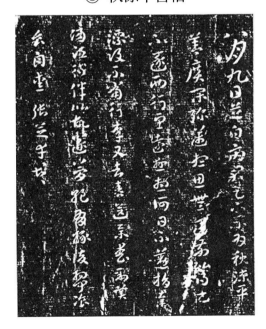

⑥三七　　　　　　　⑦五二

背　　　　正

五二

背　　　　正

三七

⑧六六　　　　　　　　⑨四三

背　　　　正　　　　　　　背　　　　正

六六　　　　　　　　　　四三

〔別表〕秋涼平善帖的兩種書風

○章草系列

行	1	3	4	4	4
釋文	芝白府君	懃	沒	又	送
《淳化閣帖》宋搨本					
《大觀帖》宋搨本					

○今草系列

行	5	6
釋文	有緣復相聞	張芝幸ゝ甚ゝ
《淳化閣帖》宋搨本		
《大觀帖》宋搨本		

參考論著目錄

A

1. 安徽省文物工作隊、阜陽地區博物館、阜陽縣文化局〈阜陽雙古堆西漢汝陰侯墓發掘簡報〉,《文物》1978 年第 8 期。

B

1. 班固《漢書》,中華書局,1962 年。
2. 北京大學出土文獻研究所〈北京大學藏西漢竹書概説〉,《文物》2011 年第 6 期。
3. 貝塚茂樹《孟子》,講談社,2004 年。

C

1. 蔡偉〈讀北大漢簡《蒼頡篇》札記〉,復旦大學出土文獻與古文字研究中心網站 2011 年 7 月 9 日。
2. 蔡哲茂〈伊尹傳説的研究〉,《中國神話與傳説學術研討會論文集》上冊,漢學研究中心,1996 年。
3. 草野友子〈《上海博物館藏戰國楚竹書（五）》について——形制一覽と所收文獻提要〉,《中國研究集刊》第 40 號,2006 年。
4. 長沙市文物考古研究所、中國文物研究所編《長沙東牌樓東漢簡牘》,文物出版社,2006 年。
5. 陳劍〈談談《上博（五）》的竹簡分篇、拼合與編聯問題〉,武漢大學簡帛研究中心「簡帛」網,2006 年 2 月 19 日。
6. 陳劍〈《上博（六）‧孔子見季桓子》重編新釋〉,《出土文獻與古文字研究》第 2 輯,復旦大學出版社,2008 年 8 月。
7. 陳侃理〈北京大學藏西漢竹書及其書法價值〉,《書法叢刊》2011 年第 4

期，文物出版社。

8. 陳夢家〈由實物所見漢代簡冊制度〉，《漢簡綴述》，中華書局，1980 年。

9. 陳夢家〈王若曰考〉、〈論尚書体例〉，《尚書通論（增訂本）》，中華書局，1985 年。

10. 陳佩芬〈〈紂衣〉釋文考釋〉，《上海博物館藏戰國楚竹書（一）》，上海古籍出版社，2001 年。

11. 陳佩芬「〈昔者君老〉釋文考釋」，《上海博物館藏戰國楚竹書（二）》，上海古籍出版社，2002 年。

12. 陳松長〈帛書《陰陽五行》甲篇的文字識讀與相關問題〉，《簡帛語言文字研究（第 1 輯）》，巴蜀書社，2002 年。

13. 陳松長〈岳麓書院所藏秦簡綜述〉，《文物》2009 年第 3 期。

14. 陳偉〈《昭王毀室》等三篇的幾個問題〉，《出土文獻研究》第七輯，上海古籍出版社，2005 年。

15. 陳偉〈上博五〈季康子問于孔子〉零識〉，武漢大學簡帛研究中心「簡帛」網，2006 年 2 月 20 日。

16. 陳偉〈〈君子爲禮〉9 號簡的綴合問題〉，武漢大學簡帛研究中心「簡帛」網，2006 年 3 月 6 日。

17. 陳偉〈讀《上博六》條記〉，武漢大學簡帛研究中心「簡帛」網，2007 年 7 月 9 日。

18. 陳偉〈讀《上博六》條記之二〉，武漢大學簡帛研究中心「簡帛」網，2007 年 7 月 10 日。

19. 程少軒記錄整理〈水泉子簡《蒼頡篇》討論記錄〉，復旦大學出土文獻與古文字研究中心網站 2010 年 1 月 17 日。

D

1. 大西克也〈「殹」「也」の交替——六國統一前後に於ける書面言語の一側面〉，《中國出土資料研究》第 2 號，1998 年。

2. 大西克也〈「史書」とは何か——英藏敦煌漢簡及び秦漢楚地域出土資料を中心として〉，《出土文獻と秦楚文化》第 5 號，2010 年 3 月。

3. 丁四新主編《楚地簡帛思想研究參》，湖北教育出版社，2007 年 6 月。

F

1. 凡國棟〈《上博（六）》楚平王逸篇初讀〉，武漢大學簡帛研究中心「簡帛」網、2007 年 7 月 9 日。

2. 房玄齡等《晉書》，中華書局，1974 年。

3. 范曄《後漢書》，中華書局，1965 年。

4. 復旦大學出土文獻與古文字研究中心研究生讀書會（劉嬌執筆）〈《上博七・武王踐阼》校讀〉，復旦大學出土文獻與古文字研究中心網站，2008年12月30日。

5. 復旦大學出土文獻與古文字研究中心研究生讀書會（程勝軒執筆）〈《上博七・君人者何必安哉》校讀〉，復旦大學出土文獻與古文字研究中心網站，2008年12月31日。

6. 復旦大學出土文獻與古文字研究中心研究生讀書會（鄔可晶執筆）〈《上博（七）・凡物流形》重編釋文〉，《出土文獻與古文字研究》第3輯，〈復旦大學出版社，2010年7月。

7. 復旦大學出土文獻與古文字研究中心讀書會（程少軒執筆）〈讀水泉子簡《蒼頡篇》札記〉，復旦大學出土文獻與古文字研究中心網站，2009年11月11日。

8. 復旦大學出土文獻與古文字研究中心研究生讀書會（鄔可晶、顧莉丹執筆）〈清華簡〈尹至〉、〈尹誥〉研讀札記（附：〈尹至〉、〈尹誥〉、〈程寤〉釋文）〉，復旦大學出土文獻與古文字研究中心網，2011年1月5日。

9. 冨谷至《文書行政の漢帝國　木簡竹簡の時代》，名古屋大學出版會，2010年。

10. 福田哲之《説文以前小學書の研究》，創文社，2004年。

11. 福田哲之著，佐藤將之、王綉雯合譯《中國出土古文獻與戰國文字之研究》萬卷樓，2005年。

G

1. 甘肅省文物考古研究所編《天水放馬灘秦簡》，中華書局，2009年。

2. 高村武幸《漢代の地方官吏と地域社會》，汲古書院，2008年。

3. 顧史考〈上博七〈凡物流形〉簡序及韻讀小補〉，武漢大學簡帛研究中心「簡帛」網，2009年2月23日。

4. 廣瀨薰雄《秦漢律令研究》，汲古書院，2010年。

5. 郭慶藩《莊子集釋》，中華書局，1954年

H

1. 海天遊蹤〈「[討論]關於武王踐阼簡8簡首缺字〉，武漢大學簡帛研究中心「簡帛」網「簡帛論壇」，2009年3月25日。

2. 韓巍執筆〈北京大學新獲「西漢竹書」概述〉，《國際漢學研究通訊》2010年第1期。

3. 何有祖〈讀《上博六》札記〉，武漢大學簡帛研究中心「簡帛」網，2007年7月9日。

4. 何有祖〈平王問鄭壽〉末簡歸屬問題探論〉，武漢大學簡帛研究中心「簡帛」網，2007 年 7 月 13 日。

5. 何有祖〈上博七〈武王踐阼〉「盟」字補釋〉，武漢大學簡帛研究中心「簡帛」網，2009 年 1 月 2 日。

6. 胡平生、韓自強〈《蒼頡篇》的初步研究〉，《文物》1983 年第 2 期。

7. 胡平生〈漢簡《蒼頡篇》新資料的研究〉，《簡帛研究》第 2 輯，1996 年 9 月。

8. 胡平生〈讀水泉子漢簡七言本《蒼頡篇》〉，復旦大學出土文獻與古文字研究中心網站，2010 年 1 月 21 日。

9. 湖北省荊州市周梁玉橋遺址博物館編《關沮秦漢墓簡牘》，中華書局，2001 年。

10. 湖南省文物考古研究所編著《里耶發掘報告》，岳麓書社，2007 年。

11. 黃伯思《東觀餘論》，漢華文化事業股份有限公司，1974 年。

J

1. 江村治樹《春秋戰國秦漢時代出土文字資料の研究》，汲古書院，2000 年。

2. 姜夔《絳帖平》聚珍版叢書本，《百部叢書集成》，藝文印書館，1969 年。

3. 角谷定俊〈秦における青銅工業の一考察——工官を中心に〉，《駿台史學》第 55 號，1982 年。

4. 金谷治《〈孟子〉の研究——その思想の生い立ち〉，《金谷治中國思想論集》中卷，平河出版社，1997 年。

5. 井上亘〈〈內豊〉篇與〈昔者君老〉篇的編聯問題〉，簡帛研究網，2005 年 10 月 16 日。

L

1. 勞榦〈蒼頡篇與急就篇文〉，《居延漢簡考釋之部·居延漢簡考證》中央研究院歷史語言研究所，1960 年。

2. 李家浩〈秦駰玉版銘文研究〉，《北京大學中國古文獻研究中心集刊》第 2 號，2001 年。

3. 李均明、朱國斗《秦漢魏晉出土文獻 居延漢簡釋文校合》，文物出版社，1987 年。

4. 李零《上博楚簡三篇校讀記》，萬卷樓，2002 年。

5. 李零〈秦駰禱病玉版的研究〉，《中國方術續考》，東方出版社，2000 年。

6. 李銳〈〈凡物流形〉釋文新編（稿）〉，Confucius2000 網，2008 年 12 月 31 日。

7. 李銳〈讀〈季康子問於孔子〉札記〉，Confucius2000 網，2006 年 2 月 26 日。

8. 李銳〈〈孔子見季桓子〉新編（稿）〉，武漢大學簡帛研究中心「簡帛」網，2007 年 7 月 11 日。

9. 李守奎、曲冰、孫偉龍編著《上海博物館藏戰國楚竹書（一～五）文字篇》，作家出版社，2007 年。

10. 李松儒〈〈凡物流形〉甲乙本字跡研究〉，武漢大學簡帛研究中心主辦《簡帛》第 5 輯，上海古籍出版社，2010 年 10 月。

11. 李松儒〈〈鄭子家喪〉甲乙本字跡研究〉，武漢大學簡帛研究中心「簡帛」網，2009 年 6 月 2 日。

12. 李學勤〈讀上博簡〈莊王既成〉兩章筆記〉，Confucius2000 網，2007 年 7 月 16 日。

13. 李學勤《古文字學初階》，中華書局，1985 年。

14. 李學勤〈秦玉牘索隱〉，《故宮博物院院刊》2000 年第 2 期。

15. 李學勤《清華簡九篇綜述》，《文物》2010 年第 5 期。

16. 李朝遠〈〈內豐〉釋文考釋〉，《上海博物館藏戰國楚竹書（四）》，上海古籍出版社，2004 年。

17. 梁靜〈出土本《蒼頡篇》對讀一則〉，武漢大學簡帛研究中心「簡帛」網，2011 年 8 月 5 日。

18. 梁靜〈由北大漢簡查考《蒼頡篇》流傳中的一處異文〉，武漢大學簡帛研究中心「簡帛」網，2011 年 7 月 19 日。

19. 廖名春〈清華簡〈尹誥〉篇補釋〉，Confucius2000 網，2011 年 1 月 5 日。

20. 林素清〈蒼頡篇研究〉，《漢學研究》第 5 卷第 1 期，1987 年 6 月。

21. 林素清〈釋「匵」——兼及〈內禮〉新釋與重編〉，「中國文字學的方法與實踐國際學術研討會」提出論文，芝加哥大學，2005 年 5 月 28 日～30 日。

22. 林素清〈上博四〈內禮〉篇重探〉，武漢大學簡帛研究中心主辦《簡帛》第 1 輯，上海古籍出版社，2006 年 10 月。

23. 劉洪濤〈讀上博竹書〈天子建州〉箚記〉，武漢大學簡帛研究中心「簡帛」網，2007 年 7 月 12 日。

24. 劉洪濤〈談上海博物館藏戰國楚竹書〈君子為禮〉的拼合問題〉，武漢大學簡帛研究中心「簡帛」網，2006 年 9 月 2 日。

25. 劉洪濤〈〈民之父母〉、〈武王踐阼〉合編一卷說〉，復旦大學出土文獻與古文字研究中心網站，2009 年 1 月 5 日。

26. 劉濤〈長沙東牌樓東漢簡牘的書體、書法與書寫者〉，《長沙東牌樓東漢

簡牘》文物出版社，2006 年。

27. 劉信芳、梁柱編著《雲夢龍崗秦簡》，科學出版社，1997 年。

28. 劉正成主編《中國書法全集》第六卷，榮寶齋出版社，1997 年。

29. 劉正成〈鍾繇與長沙吳簡説〉，《中國書法全集》第二十卷，榮寶齋出版社，1997 年。

30. 羅振玉、王國維《流沙墜簡》小學術數方技書考釋（1934 年再版本），1993 年中華書局影印。

M

1. 馬承源主編《上海博物館藏戰國楚竹書（一）》，上海古籍出版社，2001 年。

2. 馬承源主編《上海博物館藏戰國楚竹書（二）》，上海古籍出版社，2002 年。

3. 馬承源主編《上海博物館藏戰國楚竹書（三）》，上海古籍出版社，2003 年。

4. 馬承源主編《上海博物館藏戰國楚竹書（四）》，上海古籍出版社，2004 年）。

5. 馬承源主編《上海博物館藏戰國楚竹書（五）》，上海古籍出版社，2005 年）。

6. 馬承源主編《上海博物館藏戰國楚竹書（六）》，上海古籍出版社，2007 年）。

7. 馬承源主編《上海博物館藏戰國楚竹書（七）》，上海古籍出版社，2008 年）。

8. 馬承源主編《上海博物館藏戰國楚竹書（八）》，上海古籍出版社，2011 年）。

9. 木村英一《孔子と論語》，創文社，1971 年。

10. 木村英一〈論語における孔子に對する稱呼〉，《東方學》第 47 輯，1974 年）。

N

1. 内藤湖南〈尚書稽疑〉（《研幾小錄》所收），《内藤湖南全集》第七卷，筑摩書房，1970 年。

O

1. 歐陽詢等撰《藝文類聚》，中華書局，1965 年。

P

1. 濮茅左〈〈民之父母〉釋文考釋〉,《上海博物館藏戰國楚竹書 (二)》,上海古籍出版社,2002 年。

2. 濮茅左〈〈季康子問於孔子〉釋文考釋〉,《上海博物館藏戰國楚竹書 (五)》,上海古籍出版社,2005 年。

3. 濮茅左〈〈孔子見季桓子〉釋文考釋〉,《上海博物館藏戰國楚竹書 (六)》,上海古籍出版社,2007 年。

Q

1. 啓功《古代字體論稿》,文物出版社,1999 年第 2 版。

2. 淺野裕一《孔子神話──宗教としての儒教の形成》,岩波書店,1997 年。

3. 淺野裕一《諸子百家》,講談社,2004 年。

4. 淺野裕一著、佐藤將之監譯《戰國楚簡研究》,萬卷樓,2004 年。

5. 淺野裕一編《竹簡が語る古代中國思想──上博楚簡研究》,汲古書院,2005 年。

6. 淺野裕一著、佐藤將之監譯《上博楚簡與先秦思想》,萬卷樓,2008 年。

7. 淺野裕一編《竹簡が語る古代中國思想 (二) ──上博楚簡研究》,汲古書院,2008 年。

8. 淺野裕一編《竹簡が語る古代中國思想 (三) ──上博楚簡研究》,汲古書院,2010 年。

9. 清華大學出土文獻研究與保護中心編、李學勤主編《清華大學藏戰國竹簡 (壹)》,中西書局,2010 年。

10. 裘錫圭〈從馬王堆一號漢墓「遣冊」談關于古隸的一些問題〉,《考古》1974 年第 1 期。

11. 裘錫圭《文字學概要》,商務印書館,1988 年。

12. 裘錫圭〈殷周古代文字における正體と俗體〉,《シンポジウム中國古文字と殷周文化 甲骨文・金文をめぐって》,東方書店,1989 年。

S

1. 沈培〈《上博 (六)》中〈平王問鄭壽〉和〈平王與王子木〉應是連續抄寫的兩篇〉,武漢大學簡帛研究中心「簡帛」網,2007 年 7 月 12 日。

2. 沈培〈《上博 (六)》和《上博 (八)》竹簡相互編聯之一例〉,復旦大學出土文獻與古文字研究中心網站、2011 年 7 月 16 日。

3. 十三經注疏整理委員會整理《春秋左傳正義 (十三經注疏)》,北京大學出版社,2000 年。

4. 十三經注疏整理委員會整理《尚書正義 (十三經注疏)》,北京大學出版

社，2000 年。

5. 十三經注疏整理委員會整理《孟子注疏（十三經注疏）》，北京大學出版社，2000 年。

6. 史游《急就篇》，四部叢刊續編，商務印書館，1934 年。

7. 睡虎地秦墓竹簡整理小組《睡虎地秦墓竹簡》，文物出版社，1990 年。

8. 四川省博物館、青川縣文化館〈青川縣出土秦更修田律木牘——四川青川縣戰國墓發掘簡報〉，《文物》1982 年第 1 期。

9. 司馬遷《史記》，中華書局，1959 年。

10. 松本雅明《春秋戰國における尚書の展開》（風間書房，1966 年）。

11. 松丸道雄〈殷代の學書について——甲骨文字における「習刻」と「法刻」〉，《書學書道史研究》第 10 號，2000 年。

12. 松丸道雄〈關於偃師商城和伊尹關係的假說〉，《三代考古（三）》，科學出版社，2009 年。

13. 孫剛編纂《齊文字編》，福建人民出版社，2010 年。

14. 孫詒讓《墨子間詁》，中華書局，2001 年。

T

1. 湯淺邦弘著、佐藤將之監譯《戰國楚簡與秦簡之思想史研究》，萬卷樓，2006 年。

2. 湯淺邦弘編《上博楚簡研究》，汲古書院，2007 年。

3. 湯淺邦弘《中國出土文獻研究——上博楚簡與銀雀山漢簡》古典文獻研究輯刊第十五篇第二十二冊，花木蘭出版社，2012 年。

4. 湯餘惠主編《戰國文字編》，福建人民出版社，2001 年。

W

1. 王國維《觀堂集林》，中華書局，1959 年。

2. 王輝〈秦曾孫駰告華大山明神文考釋〉，《考古學報》2001 年第 2 期。

3. 王輝編著《秦銅器銘文編年集釋》，三秦出版社，1990 年。

4. 王輝、程學華《秦文字集證》，藝文印書館，1999 年。

5. 王利器《呂氏春秋注疏》，巴蜀書社，2002 年。

6. 王聘珍《大戴禮記解詁》，中華書局，1983 年。

7. 王澍《淳化秘閣法帖考正》，四部叢刊續編，臺灣商務印書館，1976 年。

8. 汪濤、胡平生、吳芳思編《英國國家圖書館藏斯坦因所獲未刊漢文簡牘》，上海辭書出版社，2007 年。

9. 文物局古文獻研究室、安徽省阜陽地區博物館阜陽漢簡整理組〈阜陽漢

簡簡介〉，《文物》1983 年第 2 期。

10. 文物局古文獻研究室、安徽省阜陽地區博物館阜陽漢簡整理組〈阜陽漢簡《蒼頡篇》〉，《文物》1983 年第 2 期）。

11. 吳白匋〈從出土秦簡帛書看秦漢早期隸書〉，《文物》1978 年第 2 期。

12. 武內義雄《孟子》，《武內義雄全集》第二卷，角川書店、1978 年。

X

1. 西川寧〈西域出土晉代墨蹟の書道史的研究〉，《西川寧著作集》第四卷，二玄社，1991 年。

2. 邢義田（廣瀨薰雄譯）〈漢代の《蒼頡篇》、《急就篇》、八体と「史書」の問題——秦漢時代の官吏はいかにして文字を學んだか〉，藤田勝久、松原弘宣編《東アジア出土資料と情報傳達》汲古書院，2011 年。

3. 許慎撰、段玉裁注《說文解字注》，上海古籍出版社，1981 年。

Y

1. 一上示三王（程少軒）〈《凡物流形》甲篇抄自乙篇的一個證據〉，復旦大學出土文獻與古文字研究中心網站，2009 年 3 月 9 日。

2. 尹一梅〈簡牘書法與刻帖中的鍾繇書〉，《書法叢刊》2007 年第 2 期。

Z

1. 曾憲通、楊澤生、肖毅〈秦駰玉版文字初探〉，《考古與文物》2001 年第 1 期。

2. 張存良、吳荭〈水泉子漢簡初識〉，《文物》2009 年第 10 期。

3. 張存良〈水泉子漢簡七言本《蒼頡篇》蠡測〉，《出土文獻研究》第 9 輯，2010 年 1 月。

4. 張光裕〈《君子爲禮》釋文考釋〉，《上海博物館藏戰國楚竹書（五）》上海古籍出版社，2005 年。

5. 張光裕〈《弟子問》釋文考釋〉，《上海博物館藏戰國楚竹書（五）》上海古籍出版社，2005 年。

6. 張娜麗《西域出土文書の研究——中國古代における小學書、童蒙書の諸相》，汲古書院，2006 年。

7. 張彥遠《法書要錄》，人民美術出版社，1986 年。

8. 張政烺〈六書古義〉，《國立中央研究院歷史語言研究所集刊》第十本，1948 年。

9. 周鳳五〈秦惠文王禱祠華山玉版新探〉，《中央研究院歷史語言研究所集刊》第 72 本第 1 分，2001 年。

10. 朱鳳瀚〈北大漢簡《蒼頡篇》概述〉，《文物》2011 年第 6 期。

11. 中國簡牘集成編集委員會編《中國簡牘集成》第 14 冊　圖版選下，敦煌
　　文藝出版社，2005 年。

後　記

　　本書，是 2005 年 11 月刊行的小著《中國出土古文與戰國文字之研究》（佐藤將之、王綉雯合譯，萬卷樓）之後，從 2006 年至 2012 年間發表的有關戰國秦漢簡牘的拙論中，特選十三篇（包括札記三篇）而成。首先按照目次，將論文原名、初出的發表期刊名以及刊登年月記載如下：

　　第一章　〈上海博物館藏戰國楚竹書の特異性──〈君人者何必安哉（甲本、乙本）〉を中心に〉（《中國研究集刊》第 50 號，頁 228～247，2010 年 1 月）。本書是基於淺野裕一編《竹簡が語る古代中國思想（三）──上博楚簡研究》（頁 229～263，汲古書院，2010 年 3 月）中的重新收錄版翻譯而成。

　　第二章　〈〈凡物流形〉甲乙本の系譜關係──楚地におけるテキスト書寫の實態とその背景〉（谷中信一編《出土資料と漢字文化圈》頁 97～120，汲古書院，2011 年 3 月）。

　　第三章　〈〈天子建州〉甲乙本の系譜關係〉（《中國研究集刊》第 52 號，頁 42～60，2011 年 2 月）。

　　第四章　〈上博楚簡〈弟子問〉の文獻的性格──上博楚簡に見える孔子に対する稱呼〉（《中國研究集刊》第 45 號，頁 88～107，2007 年 12 月）。本書是基於淺野裕一編《竹簡が語る古代中國思想（二）──上博楚簡研究》（頁 261～291，汲古書院，2008 年 9 月）中重新收錄版翻譯而成。

　　第五章　〈出土古文獻復原における字體分析の意義──上博楚簡の分篇および拼合、編聯を中心として〉（《中國研究集刊》第 41 號，頁 119～141，2006 年 12 月）。本書是基於湯淺邦弘編《上博楚簡研究》（頁 427～453，汲古書院，2007 年 5 月）重新收錄版翻譯而成。

第六章　上博楚簡札記

第一節　〈〈孔子見季桓子〉1 號簡的釋讀與綴合〉（郭丹譯，武漢大學簡帛研究中心「簡帛」網 2007 年 8 月 6 日）。本書是基於淺野裕一編《竹簡が語る古代中國思想（二）——上博楚簡研究》（頁 313～323，汲古書院，2008 年 9 月）收錄的增補版翻譯而成。

第二節　〈〈平王問鄭壽〉簡 6、〈平王與王子木〉簡 1 編聯說の檢證〉（新稿）。此次收錄之際特將舊稿〈別筆和篇題——《上博（六）》所收楚王故事四章的編成〉（謝順華譯，武漢大學簡帛研究中心「簡帛」網，2008 年 11 月 15 日）第一章至第三章重新寫成新稿，本書即根據該新稿翻譯而成。

第三節　〈《上博七・武王踐阼》簡 6、簡 8 簡首缺字說〉（馬婷譯，武漢大學簡帛研究中心「簡帛」網，2009 年 3 月 24 日）。本書乃是基於《中國研究集刊》第 48 號（頁 69～74，2009 年 6 月）中登載的增補版翻譯而成。

第七章　〈水泉子漢簡七言本《蒼頡篇》考——《說文解字》以前小學書における位置〉（《東洋古典學研究》第 29 集，頁 1～17，2010 年 5 月）。本書是基於〈水泉子漢簡七言本《蒼頡篇》考——在《說文解字》以前小學書中的位置〉（白雨田譯，武漢大學簡帛研究中心「簡帛」網，2010 年 11 月 26 日）翻譯而成。

第八章　〈漢簡《蒼頡篇》研究——分章形態を中心として〉（第 4 回日中學者中國古代史論壇「中國新出資料學の展開」論文集，頁 177～187，2012 年 5 月）。

第九章　〈清華簡〈尹誥〉の思想史的意義〉（《中國研究集刊》第 53 號，頁 157～182，2011 年 6 月）。

第十章　〈「氵」（サンズイ）考〉（《書學書道史論叢 2011——書學書道史學會創立 20 周年記念論文集》，頁 465～493，萱原書房，2011 年 3 月）。

第十一章　〈張芝草書の實相——東牌樓東漢簡牘による法帖の檢證〉（《書學書道史研究》第 18 號，頁 17～30，2008 年 9 月）。

戰國秦漢簡牘研究隨著新資料的相繼發現，近年來取得了迅猛的發展。本來還應就研究現狀對各篇加以補充修訂，然此次收錄，除論文觀點中存在明顯錯誤之處以外，僅在最小限度內加以修改，原則上盡量保留初始發表狀態。因此，對於拙論發表以後的相關重要論文，有未言及之處，尚希原諒。

本書收錄論文，多為筆者在所屬中國出土文獻研究會（舊稱「戰國楚簡

研究會」）的研究例會上發表後成稿。謹此，對恩師淺野裕一先生（研究會代表、東北大學名譽教授），以及同爲研究會始創成員的湯淺邦弘先生（大阪大學教授）、竹田健二先生（島根大學教授）的學恩深致謝意。

中國出土文獻研究會在國內召開例會的同時還積極進行國際學術交流，2001 年以後幾乎每年，均前往中國的大學及研究所、博物館訪問，進行學術調查。並且積極參加在中國大陸以及臺灣召開的國際學會以加深學術交流。本書所收論文，正顯示了如此學術交流成果的一端，在國際學會上得到海內外學者的有益的提問及意見，也在論文當中多有反映。詳情在各章末尾均有附記，除所舉芳名之外，尚有多位先學直接間接賜教，在此均一併致謝。

本書各章均由白雨田氏（大阪大學大學院博士課程修了、四天王寺大學非常勤講師）負責翻譯。白氏作爲日本古典文學學者不但具有高度的日語能力，在中國出土文獻研究會的海外學術調查及國際學會之際也常同行並擔任翻譯，對出土文獻也造詣頗深。能受惠於白氏般優秀的譯者，對著者來說也是無上的喜悅。

本書的出版，承蒙國立臺灣大學中國文學系主任李隆獻教授的推薦，並得到臺灣大學博士生恩塚貴子氏於出版等實際業務方面鼎力協助。湯淺先生爲促進中國出土文獻研究會研究成果的公開，極力推薦本書的出版。多蒙三位厚意，本書的出版始得以實現。謹在此致以衷心謝意。

2013 年 3 月 31 日
福田哲之　謹識